POLÍTICAS PÚBLICAS PARA O AUDIOVISUAL
O CASO ANCINAV

CONSELHO EDITORIAL
Ana Paula Torres Megiani
Eunice Ostrensky
Haroldo Ceravolo Sereza
Joana Monteleone
Maria Luiza Ferreira de Oliveira
Ruy Braga

POLÍTICAS PÚBLICAS PARA O AUDIOVISUAL
O CASO ANCINAV

Marina Rossato Fernandes

Copyright © 2016 Marina Rossato Fernandes.

Grafia atualizada segundo o Acordo Ortográfico da Língua Portuguesa de 1990, que entrou em vigor no Brasil em 2009.

Edição: Haroldo Ceravolo Sereza
Editor assistente: Dafne Ramos
Projeto gráfico, diagramação e capa: Jean Ricardo Freitas
Assistente acadêmica: Bruna Marques
Revisão: Alessandra Colontini
Imagens da capa: *pixabay.com*

Esta obra foi publicada com apoio da Fapesp, nº do processo 2015/03426-4.

CIP-BRASIL. CATALOGAÇÃO-NA-FONTE
SINDICATO NACIONAL DOS EDITORES DE LIVROS, RJ

F398P

Fernandes, Marina Rossato
Políticas públicas para o audiovisual : o caso ANCINAV
Marina Rossato Fernandes. - 1. ed.
São Paulo: Alameda, 2016.
188 p. : il. ; 21 cm

Inclui bibliografia e índice
ISBN 978-85-7939-436-2

1. Cinema e Estado - Brasil. 2. Agência Nacional do Cinema (Brasil). 3. Incentivos fiscais - Legislação - Brasil. 4. Brasil - Política cultural. I. Título.

16-38220   CDD: 353.70981
                 CDU: 351.85(81)

ALAMEDA CASA EDITORIAL
Rua 13 de Maio, 353 – Bela Vista
CEP 01327-000 – São Paulo, SP
Tel. (11) 3012-2403
www.alamedaeditorial.com.br

SUMÁRIO

7 PREFÁCIO

13 INTRODUÇÃO

19 1. O ANTEPROJETO DA ANCINAV: HISTÓRIA E ANÁLISE
19 A política cultural do governo: um contexto
32 Origens da proposta da Ancinav
43 Descrição e análise das medidas e objetivos presentes na minuta do anteprojeto da Ancinav
44   *Livro I – Dos princípios fundamentais*
45   *Livro II – Das políticas setoriais e do órgão regulador*
48   *Livro III – Do fomento, regulação e fiscalização das atividades audiovisuais*

79 2. REPERCUSSÃO DA PROPOSTA DE CRIAÇÃO DA ANCINAV
79 Repercussão da proposta na mídia e a divisão do campo do audiovisual
79   *A repercussão na mídia*
97   *Divisões no meio cinematográfico*
116 Trajetória do anteprojeto: versões e arquivamento
116   *Consulta pública*
129   *Versões e trâmite do anteprojeto*
146 Hipóteses sobre o desfecho da proposta
146   *Divisão do meio cinematográfico*

147   Pressão dos opositores
149   Falta de apoio por parte do governo
151   Problemas da proposta

157 3. DESDOBRAMENTOS E INFLUÊNCIA DA PROPOSTA

169 BIBLIOGRAFIA
169   Bibliografia de história e teoria do audiovisual e da comunicação
178   Bibliografia de fontes primárias
186   Filmografia
186   Sites consultados

187 AGRADECIMENTOS

PREFÁCIO

O livro *Políticas Públicas para o Audiovisual: o caso Ancinav*, de Marina Rossato Fernandes, é uma contribuição importante ao possibilitar uma maior compreensão acerca da proposta da Ancinav (Agência Nacional do Cinema e do Audiovisual), bem como da sua conturbada trajetória e do seu melancólico final.

O projeto da Ancinav começou a ser publicizado em meados de 2004, tendo a partir daí amplo debate em torno do seu texto, até o seu engavetamento pelo governo no ano seguinte. Em primeira instância, *Políticas Públicas para o Audiovisual: o caso Ancinav* explica detalhadamente o projeto elaborado no âmbito do Ministério da Cultura, montando ainda um pano de fundo marcado por duas referências importantes: 1) a política cultural levada a cabo pelo ministro Gilberto Gil e sua equipe; 2) as reivindicações do meio cinematográfico expressas em documentos tais como as resoluções do CBC (Congresso Brasileiro de Cinema) ou em manifestações dos representantes desse segmento artístico. Outra contribuição fundamental surgida da pesquisa é a reconstituição histórica das discussões que ocorreram no campo audiovisual em torno da Ancinav, demonstrando cabalmente que houve uma forte cisão ideológica na qual de um lado se colocaram os seus defensores – *grosso modo*, os produtores audiovisuais ditos independentes, intelectuais ligados à universidade e o Ministério da Cultura – *versus* os seus detratores – aí se incluíam os representantes dos grandes grupos da mídia com as Organizações Globo a frente, representantes de empresas de distribuição e exibição, bem como alguns cineastas ligados de uma forma ou outra a Globo Filmes. A autora também propõe uma prospecção em torno dos motivos que teriam levado o governo a deixar de lado o projeto.

O quadro sugerido pelo conjunto da pesquisa empreendida por Marina Rossato Fernandes dá conta de um meio audiovisual profundamente cindido entre uma minoria de agentes com bastante acesso aos recursos de produção e o domínio quase completo das formas de circulação audiovisual e uma maioria com restrições às condições de produção e cujos produtos em geral têm uma circulação muito pequena no mercado audiovisual. Para além disso, *Políticas Públicas para o Audiovisual: o caso Ancinav* também expõe as enormes dificuldades políticas, talvez mesmo a impossibilidade naquele momento, de se alterar minimamente o *status quo* no campo do audiovisual dada a enorme força da Globo, mesmo em um contexto político caracterizado por um governo que se iniciava com promessas de grandes mudanças na vida brasileira, como foi o primeiro mandato do presidente Lula, e que contava com o prestígio e a inteligência de Gilberto Gil a frente do Ministério da Cultura.

Gostaria ainda de observar que o fato de o objeto do livro ser um projeto que não foi implementado se afigura significativo. Justamente pelo fato de a Ancinav não ter sido criada, as oposições no interior do campo audiovisual aparecem de maneira mais acirrada, bem como as limitações por parte do Estado e a força dos interesses privados ligados aos grandes grupos midiáticos. Podemos inferir daí que objetos de pesquisa porventura fracassados na sua efetivação podem ter enorme interesse para os investigadores ao revelar aspectos nem sempre evidenciados pelos objetos que chegaram a se constituir plenamente no mundo social. Nesse sentido, a pesquisa de Marina Rossato Fernandes evidencia que há um pequeno segmento do meio cinematográfico vinculado às estruturas mais dinâmicas em termos capitalistas da indústria audiovisual, representadas, sobretudo, mas não exclusivamente, pela Globo. Esse grupo – formado por nomes como Arnaldo Jabor, Carlos Diegues, Luis Carlos Barreto ou Roberto Farias, entre outros – se opôs tenazmente à grande maioria do meio cinematográfico, o qual se encontra desligado ou integrado de maneira frágil às estruturas acima mencionadas.

Merece ainda ser salientado neste prefácio o filão de pesquisa ao qual o trabalho de Marina Rossato Fernandes está ligado. Ele se vincula aos estudos acerca das relações no Brasil entre cinema e Estado, os quais se propõem a reconstituir a história de tais relações, descrevendo suas formas e analisando-as criticamente.

O crescimento desse filão da pesquisa foi notável nos últimos anos, mas se trata de uma temática cujo desenvolvimento no âmbito dos estudos sobre cinema é relativamente recente. Em 1979, a seguinte asserção de Jean-Claude Bernardet possuía um caráter inovador:

> O papel fundamental exercido pelo Estado na história do cinema brasileiro não pode ter deixado de marcá-lo tão profundamente quanto a própria presença do cinema estrangeiro, pois ambos constituem as duas balizas entre as quais se estruturam a produção cinematográfica.[1]

Inspirados em níveis variados nesse livro de Bernardet, cujo capítulo em tela possui o título emblemático de "Novo ator: o Estado", surgiram nos anos seguintes trabalhos clássicos e que constituem as bases dos estudos entre nós sobre cinema e Estado: *Cinema, Estado e lutas culturais*

---

[1] BERNARDET, Jean-Claude. *Cinema brasileiro: propostas para uma história*. 2º Ed. São Paulo: Companhia das Letras, 2009. P. 61. A primeira edição do livro, publicada pela Paz e Terra, é de 1979.

– *Anos 50,60, 70*, de José Mário Ortiz Ramos;[2] *The film industry in Brazil – Culture and the State*, de Randal Johnson;[3] *Estado e cinema no Brasil*, de Anita Simis;[4] e *Artes e manhas da Embrafilme – Cinema estatal brasileiro em sua época de ouro: 1977-1981*, de Tunico Amâncio.[5]

Desses quatro livros, em três a Embrafilme tem grande destaque, o que não é de espantar, pois se tratava até então da principal experiência do Estado no campo cinematográfico. A exceção é o trabalho de Anita Simis, voltado para as primeiras décadas das relações entre Estado e cinema.

A partir dos anos 2000 se observa um crescimento expressivo na quantidade de estudos em torno dessa questão. Trata-se, sobretudo, de pesquisas de mestrado ou doutorado nos programas de pós-graduação do campo da Comunicação. Há também nos últimos anos a preponderância de estudos voltados para o passado recente e uma influência crescente da economia política da comunicação. O livro de Marina Rossato Fernandes está inserido nesse quadro, pois sua origem é uma dissertação de mestrado defendida no Programa de Pós-Graduação em Imagem e Som da UFSCar (Universidade Federal de São Carlos), tendo como objeto um projeto do primeiro governo Lula e em diálogo com autores de referência da economia política da comunicação, além de arrolar os autores clássicos anteriormente citados.

Políticas Públicas para o Audiovisual: o caso Ancinav encontra-se solidamente embasado na tradição e na contemporaneidade dos

---

2   RAMOS, José Mário Ortiz. *Cinema, Estado e lutas culturais – Anos 50, 60,70*. Rio de Janeiro: Paz e Terra, 1983.

3   JOHNSON, Randal. *The film industry in Brazil – Culture and the State*. Pittsburgh: University of Pittsburgh Press, 1987.

4   SIMIS, Anita. *Estado e cinema no Brasil*. São Paulo: Annablume / Fapesp, 1996.

5   AMÂNCIO, Tunico. *Artes e manhas da Embrafilme – Cinema estatal brasileiro em sua época de ouro: 1977/1981*. Niterói; EdUFF, 2000.

estudos sobre cinema e Estado no Brasil. Ademais, pela importância do objeto, pela qualidade do levantamento das fontes primárias e pelas conclusões estabelecidas o livro é uma contribuição notável para esse filão de pesquisas.

Arthur Autran
Universidade Federal de São Carlos

INTRODUÇÃO

A eleição do presidente Luiz Inácio Lula da Silva no fim de 2002 e a nomeação de Gilberto Gil como ministro da Cultura representam um momento de euforia e esperança no setor cultural. No meio audiovisual não foi diferente e os principais agentes do setor começaram a se articular para viabilizar projetos que não encontravam apoio estatal.

Um destes projetos era a inclusão da televisão nas políticas públicas para o audiovisual. Esta demanda já havia sido reivindicada no processo de criação da Agência Nacional do Cinema (Ancine) durante o governo Fernando Henrique Cardoso, mas devido às pressões ficou de fora do projeto e a nova agência se dedicou somente ao cinema.

Em 2004, uma proposta elaborada pelo ministério da Cultura movimentou o setor audiovisual nacional. A proposta teve ampla repercussão na mídia, contando com campanhas veiculadas na televisão e colunas de opinião em jornais e revista. Também dividiu opiniões dentro do próprio setor, enfrentou forte pressão de grupos econômicos consolidados e gerou muita polêmica.

A proposta responsável por toda a movimentação no setor foi o anteprojeto de criação da Agência Nacional do Cinema e do Audiovisual (Ancinav) apresentado pelo ministério da Cultura. Este anteprojeto propunha a transformação da recém-criada Ancine em Ancinav, que passaria a englobar toda a atividade audiovisual e não somente o cinema. A nova agência passaria a incluir os serviços de radiodifusão, a distribuição de conteúdo audiovisual por serviços de telecomunicações e o mercado de vídeo doméstico.

O anteprojeto propunha que a nova agência tivesse o papel de regular, fiscalizar e fomentar as atividades de produção e de difusão de conteúdos audiovisuais. Esta foi uma proposta ampla, com mais de cem artigos e que contou com três versões. Os objetivos gerais da proposta eram integrar o setor audiovisual e passar a compreendê-lo como um setor interligado, aumentar o espaço de difusão de conteúdos independentes e regionais, diminuir a concentração da programação televisiva e incentivar a indústria audiovisual nacional, fortalecendo o mercado.

Para tanto, o anteprojeto propunha a ampliação das funções da agência, a regulação do setor de radiodifusão, a reserva de espaço para programação independente e regional na grade televisiva, a taxação de vários elos da cadeia audiovisual com o objetivo de sustentar um fundo de investimento para a própria atividade, entre outras medidas.

O caso da Ancinav foi marcado por uma grande polêmica que contou com ampla participação da mídia. O anteprojeto foi acusado de "autoritário", "stalinista", "comunista", entre outros adjetivos que pretendiam o relacionar com o suposto autoritarismo do governo.

Esta polêmica criada em torno da proposta de criação da Ancinav atrapalhou seu debate e influenciou a opinião pública. Os setores de oposição ao anteprojeto, que tinham interesses em jogo, também contribuíram para a desqualificação da proposta. Após a realização de um seminário, de consulta pública e de várias alterações na proposta, o anteprojeto acabou não sendo enviado ao Congresso Nacional, e assim a Ancinav nunca foi criada.

Este importante acontecimento colocou em evidência algumas questões fundamentais para compreensão do setor audiovisual nacional. Com a divisão do meio foi possível compreender a força e os interesses de cada grupo, e como eles se articularam politicamente.

Também ficou evidente a dificuldade enfrentada pelo Estado em propor políticas para o setor ao ter que lidar com os diferentes interesses e grandes pressões econômicas e políticas.

O caso da Ancinav é atual e representativo para compreensão da complexidade das políticas públicas propostas para o setor e as forças que nele atuam. Mesmo não sendo aprovado, o anteprojeto foi um importante marco no setor, contribuiu para o debate e chamou a atenção para temas relevantes. Também teve importantes desdobramentos, como a influência na criação da Lei 12.485.

O objetivo deste livro é compreender em que contexto e por quais motivos a proposta foi elaborada, quais eram seus objetivos e o que o governo pretendia que se alterasse após a criação da nova agência. Também se busca compreender o processo de elaboração da proposta, sua origem, suas versões e a tramitação do projeto.

Ainda serão analisados os agentes que estavam envolvidos no caso, tanto na elaboração da proposta, no apoio a ela e na oposição, buscando compreender suas motivações e identificar as forças políticas que estavam presentes no debate.

Por fim, serão elaboradas hipóteses sobre a desistência da criação da Ancinav por parte do governo, e no que este anteprojeto resultou, quais foram seus desdobramentos e suas contribuições para o setor audiovisual nacional.

Este trabalho se insere em um viés de pesquisas a respeito de políticas audiovisuais, compreendendo a importância da elaboração destas para a manutenção do setor audiovisual nacional. Buscou-se refletir sobre as ações estatais direcionadas ao meio audiovisual, como também a visão do próprio meio, suas necessidades e demandas em relação ao Estado.

Neste sentido, o livro faz parte de uma linha de pesquisa que aborda a relação entre Estado e o meio audiovisual, refletindo sobre os problemas, limitações e desafios desta relação. Fazem parte desta linha os autores José Mário Ortiz Ramos com *Cinema, Estado e lutas cultu-*

rais, que investiga a relação entre os cineastas, produtores e o Estado nos anos 1950, 1960 e 1970, analisando a vinculação do discurso e da atuação política e suas mudanças ao longo dessas décadas. O livro *Estado e Cinema no Brasil*, de Anita Simis, e *The film industry in Brazil*, de Randal Johnson, que realizam um histórico fundamental sobre a relação entre Estado e cinema ao longo dos anos.

Também se inserem nesta linha de pesquisa os autores Arthur Autran com *O pensamento industrial cinematográfico brasileiro*, Marcelo Ikeda com *O modelo das leis de incentivo fiscal e as políticas públicas cinematográficas a partir da década de noventa* e os livros organizados por Alessandra Meleiro *Cinema e mercado* e *Cinema e economia política* que atualizam a reflexão sobre a relação entre cinema, Estado e mercado.

O livro foi dividido em três capítulos. No primeiro, será apresentado o contexto em que se desenvolveu o anteprojeto da Ancinav. Será analisada a proposta de política cultural adotada pelo ministro da Cultura do primeiro governo de Lula, Gilberto Gil, e como isso influenciou a elaboração do anteprojeto.

Também serão identificadas as origens da proposta, as demandas do setor cinematográfico, sua re-politização, a própria criação da Ancine e como esses fatores influenciaram a elaboração do anteprojeto.

A minuta do anteprojeto, suas propostas e objetivos também serão analisados neste capítulo. Objetiva-se aqui apresentar as propostas do anteprojeto e interpretá-las, buscando compreender como estas medidas alterariam o cenário audiovisual nacional.

O capítulo 2 é dedicado ao desfecho da proposta, a análise de suas contribuições e dos motivos que levaram a seu fracasso. Serão analisadas a repercussão do anteprojeto na mídia, o posicionamento do setor audiovisual, as divisões de opiniões e as polêmicas que envolveram a proposta.

Também serão descritas sua trajetória, as mudanças principais em cada versão do anteprojeto, suas motivações, a consulta pública realizada pelo ministério da Cultura, os principais problemas da proposta e, por fim, seu arquivamento.

No capítulo 3 serão levantadas hipóteses que justifiquem o revés do anteprojeto e sua não execução. Baseado no que foi desenvolvido nos outros capítulos, estas hipóteses serão analisadas, assim como a importância do anteprojeto e suas contribuições para a política cinematográfica nacional.

1
O anteprojeto da Ancinav: história e análise

A política cultural do governo: um contexto

O histórico da elaboração de políticas culturais no Brasil é caracterizado pelo que Antônio Albino Canelas Rubim intitula de três tristes tradições: ausências, autoritarismo e instabilidade.[1] Rubim define a primeira tradição mencionada como a ausência de elaboração de políticas públicas para a cultura, com um planejamento, objetivos e metas definidas. Sendo assim, ele desconsidera a proposta neo-liberal como uma política cultural:

> (...) leis de incentivo à cultura, por meio da isenção fiscal, retiram o poder de decisão do Estado, ainda que o recurso econômico utilizado seja majoritariamente público, e colocam a deliberação em mãos da iniciativa privada. Nesta perversa modalidade de ausência, o Estado só está presente como fonte de financiamento. A política de cultura, naquilo que implica em deliberações, escolhas e priorida-

---

1 RUBIM, Antônio Albino Canelas. "Políticas culturais do governo Lula/Gil: desafios e enfrentamentos". *Intercom – Revista Brasileira de Ciências de Comunicação*, São Paulo, nº 1, vol. 31, jan. 2008, p. 11.

des, é propriedade das empresas e suas gerências de marketing.[2]

Nesta tradição o Estado não dá a devida atenção à cultura, que é vista meramente como um privilégio da elite ou como uma questão de mercado. As ações pontuais e esporádicas do Estado neste campo, como o tombamento de patrimônios públicos, não podem ser entendidas como uma nova atitude do Estado em relação à cultura.

O Estado deixou de se ausentar e passou a intervir no campo cultural principalmente nos períodos autoritários, o que configura outra tradição. A ditadura do Estado Novo (1937-1945) e a ditadura militar (1964-1985) foram períodos de grandes intervenções estatais, onde o Estado entendeu a cultura como um campo que deveria ser controlado e utilizado de acordo com os interesses do governo. Assim, nestes períodos foram elaboradas legislações para a cultura e criados importantes órgãos culturais, como o Instituto Nacional de Cinema Educativo (1936), Serviço Nacional de Teatro (1937); Instituto Nacional do Livro (1937) e Conselho Nacional de Cultura (1938) durante o Estado Novo, e a Empresa Brasileira de Filme – EMBRAFILME (1969); a Fundação Nacional das Artes – FUNARTE (1975) e a RADIOBRÁS (1976) durante o regime militar.

Além do autoritarismo governamental que visava ter controle sobre os mecanismos culturais para atingir objetivos governamentais, Rubim aponta outro tipo de autoritarismo presente na elaboração de políticas para a cultura, o autoritarismo que está presente na própria sociedade brasileira, devido a seu caráter desigual e elitista. Este tipo de autoritarismo se reflete nas políticas culturais, cujas ações excluem as manifestações populares em benefício da cultura elitista, branca, católica e ocidental. Segundo Rubim "as culturas populares, indígenas, afro-brasileira e mesmo midiática foram muito pouco contempladas pelas políti-

---

2   Ibidem, p. 186.

cas culturais nacionais, quando elas existiam". Rubim aponta o problema da exclusão da mídia popular, como o rádio e a televisão, das políticas estatais para a cultura, já que este é o principal meio de entretenimento dos brasileiros.

> A opção por uma concepção restrita de cultura, que engloba apenas as expressões mais reconhecidas pela elite, expressa com extrema fidelidade a visão autoritária e excludente da intervenção do Estado nacional no campo cultural, conformando a segunda de suas tristes tradições.[3]

A última tradição apontada é a instabilidade, resultado da combinação de ausência e autoritarismo. A instabilidade das intervenções estatais se dá no campo institucional, muitos órgãos criados em um governo são extintos em outro, evidenciando a predominância da politica de governo, e não de Estado. Os órgãos que se mantêm têm sua estratégia e pessoal alterado constantemente, como foi o caso do próprio ministério da Cultura que foi transformado em uma secretaria em 1990, recriado em 1993 e teve dez dirigentes em dez anos. Os principais órgãos culturais também enfrentam problemas institucionais que interferem na sua estabilidade, como a descontinuidade das políticas adotadas, baixos orçamentos e ausência de capacitação e atualização de profissionais.

Essas tradições foram responsáveis por limitar o papel do Estado e reduzir a compreensão do conceito de cultura, prejudicando o desenvolvimento deste setor e concentrando os meios de produção e acesso a poucos grupos.

Essas tradições também contribuíram para que a cultura fosse tratada como secundária na elaboração das políticas públicas, entendida como um complemento e não um direito. Assim, deve-se diferenciar

---

3 *Ibidem*, p. 190.

a elaboração de políticas de cultura e de políticas públicas de cultura. Segundo Lia Calabre "Por política pública cultural estamos considerando um conjunto ordenado e coerente de preceitos e objetivos que orientam linhas de ações públicas mais imediatas no campo da cultura".[4]

A política de cultura pode se limitar a ser uma política de balcão, atendendo a interesses e grupos específicos. Ao referir-se à política pública, o Estado passa a assumir a responsabilidade de torná-la pública. Para limitar o sentido de política pública que será aqui empregado, será utilizada a definição de Anita Simis:

> (...) significa que se trata da escolha de diretrizes gerais, que tem uma ação, e estão direcionadas para o futuro, cuja responsabilidade é predominantemente de órgãos governamentais, os quais agem almejando o alcance do interesse público pelos melhores meios possíveis, que no nosso campo é a difusão e o acesso à cultura pelo cidadão.[5]

Considerando a política pública aquela que garante o acesso e a democratização dos bens culturais, para existir uma política pública de cultura é necessária a intervenção do Estado nesta área. O papel do Estado passa a ser de fomentador e formulador de políticas públicas visando garantir o acesso à cultura e aos meios de produção culturais como direitos do cidadão. Segundo Anita Simis:

---

4   CALABRE, Lia. "Política cultural no Brasil: um histórico". In: CALABRE, Lia. *Política cultural no Brasil: um histórico*. Rio de Janeiro: Edições Casa de Rui Barbosa, 2005, p. 9.

5   SIMIS, Anita. "A política cultural como política pública". In: RUBIM, Antonio Albino Canelas; BARBALHO, Alexandre (org.). *Políticas Culturais no Brasil*. Salvador: EDUFBA, 2007, p. 133.

No Estado democrático, o papel do Estado no âmbito da cultura, não é produzir cultura, dizer o que ela deve ser, dirigi-la, conduzi-la, mas sim formular políticas públicas de cultura que a tornem acessível, divulgando-a, fomentando-a, como também políticas de cultura que possam prover meios de produzi-la, pois a democracia pressupõe que o cidadão possa expressar sua visão de mundo em todos os sentidos.[6]

No entanto, nem sempre foi essa a visão do papel do Estado no setor da cultura. A intervenção estatal se deu de formas diferentes em cada governo, sendo elaborada de acordo com o modelo de política econômica adotada e visando atender aos interesses de cada gestão.

A transição do governo de Fernando Henrique Cardoso para o governo Lula significou também uma mudança na orientação da política cultural. O governo FHC, que tinha como política o modelo neoliberal, priorizou a figura do Estado como regulador e optou pela mínima intervenção no mercado. No setor da cultura nomeou Francisco Weffort como ministro.

Esta gestão que durou oito anos foi marcada por uma intervenção restrita por parte do Estado e pela consolidação da política de incentivos fiscais, mecanismo que transferiu para a iniciativa privada o papel de orientar o investimento do dinheiro público.

As leis de incentivo criadas foram a Lei Rouanet, no governo Collor, e a Lei do Audiovisual, no governo de Itamar Franco. Mesmo que criadas antes do governo FHC, foi durante esta gestão que elas se consolidaram e passaram a ser mais utilizadas.

A ideia desse mecanismo era atrair o investimento da iniciativa privada para o setor da cultura, pois as empresas poderiam escolher um

---

6 *Ibidem*, p. 135.

projeto previamente habilitado para investir e com isto teriam redução no imposto de renda devido ao Estado. No entanto, após modificações na lei este abatimento do capital investido chegou a 100%, tanto na Lei do Audiovisual como por meio do artigo 18 da Lei Rouanet, fazendo com que as empresas não invistam dinheiro próprio, somente entrando com o dinheiro público do imposto de renda, e mesmo assim possam se beneficiar do marketing cultural gerado por este "patrocínio".

Este mecanismo marcou a gestão de Weffort e foi responsável pela concentração dos investimentos. Foram privilegiados os produtores de maior destaque e com mais contatos e a região sudeste, principalmente as cidades de São Paulo e Rio de Janeiro. A política adotada para a cultura neste período foi baseada sobretudo nas leis de incentivo fiscal, que não representam um projeto para o desenvolvimento cultural do país. Na área do audiovisual optou-se pelo modelo de agências reguladoras, marco do governo FHC.

> Enfim, o orçamento destinado à cultura no último ano do governo Fernando Henrique Cardoso/ Francisco Weffort sintetiza de modo sintomático a falta de importância do Ministério e a ausência de uma política cultural ativa. Ele foi de apenas 0,14% do orçamento nacional.[7]

Ao tomar posse Lula nomeou como ministro da Cultura Gilberto Gil, que em seu discurso de posse já deixou claras as mudanças no conceito de política cultural que seriam adotadas no novo governo. Nesse discurso, ele compreende a cultura por um conceito amplo e antropológico, ressalta a importância da cultura como expressão popular, espaço de experimentação, como direito básico de cidadania e a importância do

---

[7] RUBIM, Antonio Albino Canelas. "Políticas culturais no Brasil: Tristes tradições, enormes desafios". In: RUBIM, Antonio Albino Canelas; BARBALHO, Alexandre (org.). *Políticas Culturais no Brasil*. Salvador: EDUFBA, 2007, p. 29.

acesso universal a ela. Defende a intervenção do Estado, como fica claro neste trecho:

> O Estado não deve deixar de agir. Não deve optar pela omissão. Não deve atirar fora de seus ombros a responsabilidade pela formulação e execução de políticas públicas, apostando todas as suas fichas em mecanismos fiscais e assim entregando a política cultural aos ventos, aos sabores e aos caprichos do deus-mercado.[8]

Assim, a mudança de governo também implicou em uma mudança na política cultural adotada para o país. Passou-se de um período de pouca intervenção estatal, onde o mercado era o principal regulador, para a abordagem "antropológica aplicada", baseada na forte presença do Estado.

O próprio presidente Lula afirma a mudança do papel do Estado na cultura:

> Posso dizer a vocês, com absoluta tranquilidade, que é outra – e que é nova – a visão que o Estado brasileiro tem, hoje, da cultura. Para nós, a cultura está investida de um papel estratégico, no sentido da construção de um país socialmente mais justo e de nossa afirmação soberana no mundo. Porque não a vemos como algo meramente decorativo, ornamental. Mas como a base da construção e da preservação de nossa identidade, como espaço para a conquista plena da cidadania, e como instrumento para a

---

[8] GIL, Gilberto. "Solenidade de transmissão do cargo". In: ALMEIDA, Armando; ALBERNAZ, Maria Beatriz; SIQUEIRA, Mauricio (org.). *Cultura pela palavra*. Rio de Janeiro: Versal, 2013, p. 231.

superação da exclusão social – tanto pelo fortalecimento da auto-estima de nosso povo, quanto pela sua capacidade de gerar empregos e de atrair divisas para o país. Ou seja, encaramos a cultura em todas as suas dimensões, da simbólica à econômica.[9]

Foi a partir da gestão de Gilberto Gil que a cultura passou a ocupar um papel de destaque na agenda do Estado. O novo ministro inseriu a cultura nos debates políticos, afirmou seu caráter fundamental, buscou dar visibilidade ao ministério tanto no âmbito nacional como internacional e lutou pelo aumento de seu orçamento. Segundo Alfredo Manevy, assessor do ministério de 2003 a 2006:

> Durante a gestão Gilberto Gil e Juca Ferreira, a cultura brasileira tornou-se um ingrediente essencial e decisivo do novo papel do Brasil no mundo, na medida em que ela parece apresentar o país pela adesão a valores, estilos e atitudes de vida, diferentemente de um movimento estratégico estritamente político e orientado economicamente.[10]

A política cultural adotada pelo ministro Gilberto Gil foi baseada em três dimensões fundamentais: simbólica, cidadã e econômica. A simbólica como potencial criativo, a cidadã como direito fundamental e fator de inserção social, e a econômica como gerador de emprego e renda. Estas três dimensões articuladas nortearam a formulação de políticas públicas para a cultura.

---

9 MINISTÉRIO das Relações Exteriores (MRE). *Discurso do Presidente da República, Luiz Inácio Lula da Silva, na Cerimônia de Lançamento do Programa Brasileiro de Cinema e Audiovisual*, 2003.

10 MANEVY, Alfredo. "Dez mandamentos do Ministério da Cultura nas gestões Gil e Juca". *Cadernos Cenpec*, São Paulo, vol. 7, 2010, p. 104.

Por meio dos discursos e entrevistas é possível perceber o esforço realizado pelo ministério da Cultura para ampliar o conceito de cultura, apresentando as três dimensões adotadas durante esta gestão. Também é evidente o esforço para colocá-la em pauta na agenda do governo e para aumentar a participação da sociedade civil na elaboração das políticas públicas de cultura.

Foram organizados fóruns e seminários para debater junto à sociedade e à classe artística as mudanças que estavam sendo propostas pelo ministério. Isso aconteceu com o tema dos direitos autorais, as leis de incentivo fiscal, a criação do Programa Cultura Viva, entre outras ações. O objetivo do MinC era identificar as demandas da sociedade e aumentar o diálogo e a participação na criação de estruturas que visavam democratizar o acesso à cultura.

> Outra ação de destaque dentro da gestão do Ministro Gil foi a realização, em 2005, da 1ª Conferência Nacional de Cultura, algo inédito em termos da participação social mais ampla. As conferências municipais, estaduais e interestaduais possibilitaram, em todas as regiões do país, a instalação de diferentes espaços, de reflexão, debate nacional sobre a situação da cultura, avaliando perspectivas, levantando possibilidades de avanço e propondo novas formas de atuação.[11]

As ações do ministério visavam democratizar o acesso à cultura, tanto dos produtores como dos consumidores.

> O que nós queremos é justamente isto: incluir. Incluir na cultura, franqueando a todos o acesso à

---

11 CALABRE, Lia. "Desafios à construção de políticas culturais: balanço da gestão Gilberto Gil". *Revista Proa*, Campinas, nº1, vol. 1, 2009, p. 300.

produção e ao consumo dos bens e serviços simbólicos. E incluir pela cultura, como setor dinâmico da economia, como atividade econômica geradora de emprego e renda.[12]

Ficou explícito o novo papel do Estado na cultura, que deveria passar a intervir e ter responsabilidade, não como produtor, mas como formulador de politicas públicas para cultura.

> Assim compreendida, a cultura se impõe, desde logo, no âmbito dos deveres estatais. É um espaço onde o Estado deve intervir. Não segundo a velha cartilha estatizante, mas mais distante ainda do modelo neoliberal que faliu. Vemos o Governo como um estimulador da produção cultural. Mas também, através do MinC, como formulador e executor de políticas públicas e de projetos para a cultura. Ou seja: pensamos o Ministério da Cultura no contexto em que o Estado começa a retomar o seu lugar e o seu papel na sociedade brasileira.[13]

Em discurso Gil resume os pressupostos de seu ministério:

> Para abordar a centralidade da cultura, dentro de uma nova teoria e de um novo processo de desenvolvimento que seja ambientalmente sustentável, economicamente dinâmico e socialmente justo, o

---

12 GIL, Gilberto. "Pronunciamento na Comissão de Educação, Cultura e Desporto – Câmara dos Deputados". In: ALMEIDA, Armando; ALBERNAZ, Maria Beatriz; SIQUEIRA, Mauricio (orgs.). *Cultura pela palavra*. Rio de Janeiro: Versal, 2013, p. 245.

13 *Ibidem*, p. 249.

Ministério da Cultura tem atuado segundo cinco pressupostos:

1) Ampliação do conceito de cultura, para além da produção cultural e das linguagens artísticas; cultura, portanto, enquanto produção simbólica, enquanto cidadania e enquanto economia;

2) Mudança do público-alvo principal das políticas e ações, que passa a ser o cidadão, e não apenas o artista e o produtor ou o difusor cultural;

3) Construção de políticas públicas sistêmicas e estruturantes, para além dos projetos pontuais e dos mecanismos de fomento;

4) Não mais a produção e a difusão direta pelo Estado, mas a criação de condições favoráveis à ampliação da produção, da difusão e da fruição pela sociedade;

5) Aplicação do conceito de 'discriminação positiva', ou seja, tratar os desiguais desigualmente, em busca de um equilíbrio.[14]

Estas diretrizes guiaram o ministério na formulação e nos debates de políticas públicas para cultura e podem ser detectadas nas suas ações.

As bases com que este ministério trabalhou buscaram também superar as três tristes tradições, como apontou Antônio Albino Canelas Rubim.[15] O autoritarismo pela criação de um espaço de diálogo com a sociedade civil em um governo democrático, as ausências pela afirmação do papel do Estado no setor da cultura, e a instabilidade pela propos-

---

14 *Ibidem*, p. 340.
15 RUBIM, Antonio Albino Canelas. "Políticas Culturais no Governo Lula". In: RUBIM; Antonio Albino Canelas (Org.). *Políticas culturais no governo Lula*. Salvador: EDUFBA, 2010, p. 9 – 24.

ta de criação do Plano Nacional de Cultura[16] e do Sistema Nacional de Cultura[17], que pretendiam consolidar mecanismos para o desenvolvimento de políticas culturais nacionais em longo prazo.

A política estabelecida no início do governo Lula para o setor audiovisual segue os princípios do ministério da Cultura, como democratização do acesso e da produção, regionalização e afirmação do país como produtor.

Dentro da dimensão simbólica o audiovisual afirma-se como produtor de sentido: "O audiovisual é estratégico. É base para a afirmação da sociedade. Não há nação que sobreviva sem produzir narrativa de si mesma, vivendo apenas a narrativa dos outros".[18] Sua dimensão cidadã se insere como direito ao acesso e aos meios de produção. Por fim, a dimensão econômica tem grande importância na geração de empregos e renda para o país como aponta Gilberto Gil:

> Somados, os segmentos que mencionei há pouco formam uma das economias mais dinâmicas da atualidade. A economia do audiovisual. Esta economia tem um duplo impacto no processo de desenvol-

---

16 Documento que estabelece o planejamento e a implementação de políticas públicas voltadas à proteção e promoção da diversidade cultural brasileira para os próximos dez anos. Foram estabelecidas com ampla participação da sociedade e gestores públicos 53 metas para a cultura, transformando-a em uma política de Estado, e não somente de governo.

17 Faz parte das metas do PNC, é um sistema onde atuam em conjunto o governo federal, estadual e municipal para elaborar políticas culturais a longo prazo. Este mecanismo tem como objetivo fortalecer o diálogo com a sociedade e estabelecer mecanismos de gestão compartilhada entre os entes federados e a sociedade civil.

18 FERREIRA, Juca. "Na cultura, o século XXI é o século do Brasil". In: ALMEIDA, Armando; ALBERNAZ, Maria Beatriz; SIQUEIRA, Mauricio. *Cultura pela palavra*. Rio de Janeiro: Versal, 2013, p. 219.

vimento do país: gera renda, emprego e divisas, de um lado, e qualifica o capital humano e as relações sociais, de outro. Por todos os fatores já apontados, trata-se de um setor estratégico para o Brasil.[19]

Dentre os objetivos do MinC para o setor audiovisual também se encontravam a afirmação do setor como produtor de conteúdo e a integração entre os elos da cadeia produtiva:

> É necessário ampliar também o grau de sinergia entre os diversos segmentos da economia do audiovisual, a exemplo da parceria entre televisão aberta e cinema. Este processo passa ainda pela maximização dos recursos públicos aplicados no setor e pelo desenvolvimento de um ambiente de mercado que valorize a produção independente, o investimento próprio e a combinação entre esforço criativo e resultado econômico.[20]

Esse é o contexto da constituição do projeto Agência Nacional do Cinema e do Audiovisual (Ancinav) em 2004. O anteprojeto foi elaborado por uma equipe de técnicos, consultores e dirigentes do ministério da Cultura durante 14 meses e ficou em consulta pública por dois meses, antes de ser enviado ao Conselho Superior de Cinema para ser analisado.

A Ancinav foi uma proposta de ampliar a atuação da Ancine. A nova agência passaria a regular o audiovisual como um todo, e não somente o cinema, sendo capaz de fiscalizar e fomentar o setor audiovisual. O anteprojeto propunha que a agência tivesse o papel de regular, mediar

---

19   GIL, Gilberto. "Palestra no Instituto Rio Branco". In: ALMEIDA, Armando; ALBERNAZ, Maria Beatriz; SIQUEIRA, Mauricio. *Cultura pela palavra*. Rio de Janeiro: Versal, 2013, p. 350.

20   *Ibidem*, p. 351.

e estimular as atividades de produção e de difusão de conteúdos audiovisuais no país, considerando os diversos meios de produção e de difusão já existentes.

O anteprojeto previa apoio não só à produção, mas também à distribuição, exibição e infraestrutura, pretendendo estimular a ampliação do parque exibidor. Visava, conforme o artigo 3º, garantir o desenvolvimento e a preservação do patrimônio cultural, assegurar o direito dos brasileiros sob o conteúdo audiovisual, tanto para usufruir como para produzir e fortalecer a diversidade cultural. Isso, a meu ver, comprova a ligação da proposta com a nova visão de política cultural adotada pelo governo Lula.

Essa política apresentou rupturas com a anterior, como já apontado. No entanto, também é preciso destacar que em alguns aspectos optou-se pela continuidade do modelo adotado no governo FHC, como as leis de incentivo e, para o campo cinematográfico, o modelo de agências. Pois até mesmo o anteprojeto da Ancinav propõe a manutenção da agência, alterando apenas suas funções e objetivos.

Origens da proposta da Ancinav

Em 1952, foi organizado o primeiro I Congresso do Cinema Nacional, realizado no Rio de Janeiro para a discussão de questões pertinentes ao meio. Em 1953, a segunda edição do congresso passou a ter o nome de Congresso Nacional do Cinema Brasileiro e foi realizada em São Paulo.

Foram conclaves nos quais o meio cinematográfico se reuniu a fim de elaborar propostas para o cinema nacional e reivindicar apoio estatal. Estes primeiros congressos nacionais propiciaram um espaço de debate e tiveram grande importância no desenvolvimento das ideias sobre a indústria cinematográfica e das relações desta com o Estado.

Em 2000, o congresso ressurge com uma denominação diferente, agora como III Congresso Brasileiro de Cinema (CBC), com o intuito de recriar um espaço de debate sobre o setor cinematográfico e elaborar propostas para seu desenvolvimento.

O III CBC foi convocado em um momento de crise após o desmonte político e estrutural feito no governo de Fernando Collor na década de 1990. Neste período o único mecanismo de apoio ao cinema nacional eram as leis de incentivo fiscal, que permitiram a retomada da produção. A crise econômica do final dos anos 1990 dificultou a participação dos setores privados neste modelo de financiamento, que se mostrou insuficiente. Além do baixo investimento e pequena produção, os filmes em geral tinham pouca relação com o mercado e quase nenhum público. Assim, o setor passou a reivindicar uma política que visasse o desenvolvimento industrial do setor.

Primeiramente, foi organizado pela Fundação Cultural de Brasília em 1998 um seminário de cinema, cujo tema era "O cinema brasileiro: Estado ou mercado?". Após este seminário viu-se a necessidade de continuar as discussões, assim foi pensado o III CBC. Como o governo do Distrito Federal era ligado ao PT e a prefeitura de Porto Alegre também, esta se interessou em levar o congresso para lá.

Neste contexto, o III CBC é organizado, segundo seu próprio presidente Gustavo Dahl, como um momento de re-politização do cinema brasileiro[21] visando congregar diferentes elos da cadeia produtiva para que fossem elaboradas propostas para o setor. O congresso foi realizado em junho de 2000 em Porto Alegre e buscava a união do campo cinematográfico para enfrentar os problemas da época.

O objetivo do III CBC era discutir, elaborar propostas e reivindicar a intervenção estatal no campo para garantir a manutenção da atividade cinematográfica nacional e planejar seu desenvolvimento. Gustavo Dahl destaca a importância estratégica do congresso:

---

21 DAHL, Gustavo. *A Re-Politização do Cinema Brasileiro*. Discurso de Abertura do III Congresso Brasileiro de Cinema, Porto Alegre, 2000, p. 32.

> A manutenção desta insuficiente posição de combate nos levará a insignificância, se não a própria extinção. No entanto, se a partir de agora, nas circunstancias dadas, conseguirmos instaurar um processo de representação, participação e ação política, longe de qualquer vitimação[sic], com altivez, será então possível negociar com outros agentes como o governo, a televisão, o poder legislativo e a própria indústria hegemônica, o espaço indispensável à nossa afirmação cinematográfica, à nossa sobrevivência, à nossa auto-sustentabilidade.[22]

O congresso foi organizado em grupos de trabalho, no total foram sete grupos que discutiram os vários temas sobre a indústria cinematográfica, como poder público, distribuição, produção, entre outros. As demandas destes grupos foram reunidas no relatório final do congresso.

As principais reivindicações do setor eram relativas à maior presença do Estado e à incorporação da televisão nas políticas cinematográficas, como apontado no relatório final "Mais do que uma reivindicação do setor, a participação da televisão no processo de consolidar a indústria audiovisual brasileira é uma questão de equilíbrio para a economia do país".[23]

As cobranças sobre o papel do Estado e a inserção da televisão visam criar uma política audiovisual mais consistente, como aponta Melina Marson:

---

22   *Ibidem*, p. 36.
23   III CONGRESSO BRASILEIRO DE CINEMA. *Relatório Final*. Porto Alegre, 01 jul. 2000. Disponível em: <http://www.cinemabrazil.com/congresso/relatorio.htm>. Acesso em: 31 maio 2014.

Para encerrar a "história cíclica" do cinema brasileiro e torná-lo autossustentável, seria necessária a inserção do cinema dentro da indústria audiovisual já consolidada no Brasil, além de um maior apoio do Estado. Ou seja, o CBC, sem perder de vista a importância política do audiovisual para a identidade nacional e para a hegemonia do país, ressaltou que o objetivo primeiro do campo cinematográfico seria a conquista de autossustentabilidade da atividade, garantindo a continuidade da produção cinematográfica por meio da elaboração de uma política audiovisual mais abrangente.[24]

No relatório final, um item era dedicado exclusivamente a propor medidas que estabelecessem relações entre cinema e televisão. Foram listadas doze ações para proporcionar a integração entre estes setores. Entre elas, destaca-se a criação da contribuição de 3% sobre o faturamento das emissoras, tanto da televisão aberta quanto da paga, a ser destinada ao desenvolvimento da produção audiovisual independente; a reserva de espaço de 30% para programação independente nas emissoras de televisão com espaço a ser destinado às produtoras regionais; a cota de tela para filmes nacionais de longa e curta-metragem; revisão da regulamentação da TV por assinatura; a criação de uma comissão permanente para coordenar a relação das emissoras de televisão com a produção independente.

Em defesa da reserva do espaço de exibição da produção audiovisual independente na televisão aberta, o relatório afirmava:

> A não exposição do produto independente nacional aos setenta milhões de espectadores que diariamen-

---

24 MARSON, Melina Izar. *Cinema e políticas de Estado: da Embrafilme à Ancine*. São Paulo: Escrituras, 2009, p. 150.

te assistem à programação da TV aberta não apenas impede a criação de uma imagem desse produto junto ao público, mas também inviabiliza o estabelecimento de uma verdadeira indústria audiovisual no país.[25]

No item sobre o fomento à produção, ficou sugerido

> Criar um Fundo de Fomento à Produção com recursos provenientes de: (a) devolução de recursos parciais captados através de certificados do audiovisual, cujo prazo de validade expirem, sem que os mesmos sejam liberados; (b) taxação sobre as receitas de TV aberta e das operadoras de TV por assinatura; (c) taxação sobre os comerciais importados para veiculação no país.[26]

No III CBC, assim como nos anteriores, o Estado foi convocado novamente para intervir no setor audiovisual. A proposta de maior destaque foi a criação de um órgão gestor para o setor, devido ao descontentamento do meio cinematográfico com a atuação da Secretaria do Audiovisual, então gerida pelo cientista político José Álvaro Moisés. Assim, no relatório final foi proposto:

> Criar, no âmbito governamental, um órgão gestor da atividade cinematográfica no Brasil, com participação efetiva do setor e com finalidades amplas de ação como agente formulador de políticas e de informação, agente regulador e fiscalizador de toda a atividade e agente financeiro. Esse ÓRGÃO

---

25 III CONGRESSO BRASILEIRO DE CINEMA, *Op. cit.*
26 III CONGRESSO BRASILEIRO DE CINEMA, *Op. cit.*

GESTOR deverá se posicionar, dentro do governo, ligado à Presidência da República e dele deverão participar representações do Ministério da Cultura, Ministério das Comunicações, Ministério do Desenvolvimento, Indústria e Comércio Exterior e Ministério das Relações Exteriores.[27]

As ações reivindicadas neste congresso resultaram na criação do Grupo Executivo para o Desenvolvimento da Indústria Cinematográfica (GEDIC) em setembro de 2000. Criado por decreto, o objetivo deste grupo era propor uma política industrial para o cinema brasileiro, visando seu desenvolvimento e sustentabilidade, e atendendo às demandas do III CBC.

Fizeram parte deste grupo sete ministros – o chefe da Casa Civil da Presidência da República, chefe da Secretaria Geral da presidência da República, chefe da Secretaria de Comunicação de Governo da Presidência da República, ministro da Cultura, ministro das Comunicações, ministro da Fazenda e o ministro do Desenvolvimento, da Indústria e do Comércio Exterior – e seis representantes do campo audiovisual – Luiz Carlos Barreto (produção), Cacá Diegues (direção), Gustavo Dahl (pesquisa), Rodrigo Saturnino Braga (distribuição), Evandro Guimarães (televisão), e Luiz Severiano Ribeiro Neto (exibição).

Após as reuniões, Gustavo Dahl liderou a redação do pré-projeto de planejamento estratégico, que se baseava em cinco pontos: 1) Criação de um órgão gestor no modelo de agência de caráter interministerial; 2) Redefinição e expansão da Secretaria do Audiovisual; 3) Criação de um Fundo Financeiro que contaria com a contribuição de outros setores da indústria audiovisual; 4) Reforma da legislação existente; 5) Legislação para a televisão destinar 4% do seu faturamento publicitário

---

27 III CONGRESSO BRASILEIRO DE CINEMA, *Op. cit.*

para coprodução com o cinema, além de garantir a exibição de produções independentes.

Entre estas questões, destaca-se a criação do órgão gestor e a proposta de taxação da televisão. Antes mesmo de finalizar a redação do pré-projeto do GEDIC, Gustavo Dahl foi convidado para participar da redação da medida provisória que deu origem a Agência Nacional do Cinema (Ancine).

A criação da Ancine previa a participação da televisão ao obrigá-la a direcionar 2% de seu faturamento bruto para a coprodução independente e também a obrigação de compra de estoque de filmes brasileiros. Porém, o representante da Globo Evandro Guimarães deixou a comissão e esta medida foi retirada devido às pressões, como explica Gustavo Dahl:

> Quando chegou ao último momento, quando a Medida Provisória (MP) estava pronta e o Ministério das Comunicações tinha participado, houve uma manifestação conjunta das emissoras de televisão se recusando em serem reguladas pelo governo e pela MP, elas conversaram com o presidente Fernando Henrique para comunicarem que não estavam de acordo com as propostas da MP, fazendo uma pressão violenta, então o governo federal recuou e restringiu a MP ao cinema e à produção videofonográfica.[28]

---

28 DAHL, Gustavo. "Entrevista concedida a Marcus Vinícius Alvarenga". In: ALVARENGA, Marcus Vinícius. *Cineastas e formação da Ancine (1999-2003)*. Dissertação (Mestrado) – Universidade Federal de São Carlos (UFSCar), São Carlos, 2010, p. 134.

A mudança na decisão de incluir a televisão na regulação a ser feita pela Ancine é consequência da pressão política das emissoras de televisão. O ex-secretário do Audiovisual Orlando Senna comenta o caso:

> Só como anedota, nós temos, na história do cinema brasileiro, o que costumamos chamar de a "Noite do Delete". No último encontro de discussão do Ministro Pedro Parente com o Gedic e seu subgrupo de cineastas (Carlos Diegues, Luiz Carlos Barreto, Luiz Severiano Ribeiro Neto, Rodrigo Saturnino Braga, Evandro Guimarães e Gustavo Dahl, coordenador), quando estava encaminhada a formulação da proposta para a criação de uma Agência do Audiovisual, desceu alguém de um helicóptero e teve uma conversa com o próprio Fernando Henrique. Começaram então uma série de contra-ordens ao pessoal que estava trabalhando na formulação da agência e o próprio ministro Pedro Parente começou a "deletar" tudo o que se referia à televisão. A "noite do delete" ilustra como a coisa era reservada![29]

Outro ponto que englobaria os serviços de radiodifusão, mas que não chegou a ser efetivado, foi o "termo audiovisual da legislação, sendo colocado no lugar dele o termo videofonográfico, pois este se referia à pro-

---

29 CARVALHO, Eduardo. *A "noite do delete", ou quando a Ancinav reduziu-se a Ancine*. 2007. Entrevista com o cineasta Orlando Senna, 17 jul. 2007. Disponível em: <http://www.cartamaior.com.br/?/Editoria/Midia/A-noite-do-delete-ou-quando-a-Ancinav-reduziu-se-a-Ancine/12/13738>. Acesso em: 01 jun. 2014.

dução de caráter independente feito em formato digital, enquanto aquele poderia vincular a produção dos grupos industriais radiodifusores".[30]

Observa-se que desde as discussões que geraram a Ancine já havia o intuito de integrar o cinema e a televisão em uma política conjunta, o que foi proposto no anteprojeto da Ancinav em 2004, durante o primeiro mandato do governo Lula.

A Ancine foi pensada como parte de um tripé institucional criado pela Medida Provisória n° 2228-1/01, que apoiaria a atividade cinematográfica nacional. Segundo Marcelo Ikeda,[31] este tripé seria composto pelo Conselho Superior de Cinema (CSC), responsável por formular políticas para o setor; a Secretaria do Audiovisual, encarregada de fomentar atividades não relacionadas diretamente com o mercado, como produção de curtas e médias- metragens, organização de festivais e preservação de acervos; e, finalmente, a Ancine, que se dedicaria a incentivar a indústria cinematográfica visando sua auto sustentabilidade.

Estes órgãos seriam complementares entre si e teriam subordinações distintas, reforçando seus diferentes objetivos. O CSC seria subordinado à Casa Civil, a Secretaria do Audiovisual, ao ministério da Cultura, e a Ancine, ao ministério do Desenvolvimento, Indústria e Comércio Exterior (MDIC). Buscava-se assim reforçar o caráter estratégico de cada órgão para o desenvolvimento do setor cinematográfico do país.

No entanto, logo no início do primeiro governo Lula, foi iniciada uma discussão sobre qual ministério a Ancine deve ser subordinada. Nesta discussão, tinha-se de um lado Gustavo Dahl, responsável pelo projeto de criação da Ancine, que defende a importância da subordina-

---

30 ALVARENGA, Marcus Vinícius. *Cineastas e formação da Ancine (1999-2003)*. Dissertação (Mestrado) – Universidade Federal de São Carlos (UFSCar), São Carlos, 2010, p. 81.

31 IKEDA, Marcelo. *O modelo das leis de incentivo fiscal e as políticas públicas cinematográficas a partir da década de noventa*. Dissertação (Mestrado) – Universidade Federal Fluminense (UFF), Niterói, 2011, p. 44.

ção ao MDIC como havia sido planejado, mantendo a estrutura do tripé institucional. Esta subordinação reforçaria a função da agência de estimular a industrialização do cinema nacional e aumentaria o campo de ação do setor cinematográfico, pois ao se subordinar a um novo ministério estabeleceria novas relações com o Estado.

Por outro lado, o ministério da Cultura passou a ter interesse na nova agência, já que esta contaria com uma estrutura que poderia aumentar o poder do MinC. Ao mesmo tempo em que o MinC manifestava interesse na Ancine, o MDIC não brigava por esta, cabendo a Gustavo Dahl pressionar o ministério, como aponta Alvarenga:

> Neste momento, a posição do Gustavo Dahl era de defesa da vinculação da Ancine para o MDIC, mas por não ter havido canal de diálogo direto com a Casa Civil, ele se reuniu com o ministro Furlan, explicitando o porquê da Ancine se vincular ao MDIC, ao ouvi-lo Furlan demonstrou interesse na agência e dificultou a negociação da ida desta para o Ministério da Cultura.
>
> Assim, o que parecia estar definido em março levaria longos 7 meses para se concretizar, porém a posição de Gustavo Dahl junto ao MinC ficou difícil, pois era e começou a ser visto como defensor do órgão no MDIC, e, portanto, passou a ser considerado uma pessoa que impedia a vinculação da Ancine ao Ministério da Cultura.[32]

A resistência de Gustavo Dahl não teve resultado e a Ancine, assim como o Conselho Superior de Cinema, passou a ser subordinada

---

32 *Ibidem*, p. 105.

ao MinC, medida que desestruturou a proposta do tripé institucional de apoio ao setor cinematográfico elaborada anteriormente.

Essa nova subordinação também é reflexo da nova política cultural adotada pelo governo Lula, que passou a priorizar a concepção de indústrias culturais, liberdade de expressão, democratização e acesso ao conteúdo e aos meios de produção.

A mudança de vinculação da recém-criada Ancine também fortaleceu a proposta de criação da Ancinav, pois os objetivos do anteprojeto estavam de acordo com os objetivos da nova gestão do MinC, que defendia o papel ativo do Estado no setor da cultura, o que inclui o audiovisual.

Como aponta Marcus Vinícius Alvarenga[33] a vinculação da agência ao MinC fortificou o projeto de transformá-la em Ancinav, pois dois dias após o decreto o ministro da Cultura Gilberto Gil anuncia sua intenção:

> O ministro da Cultura, Gilberto Gil, disse que considera "fundamental" que a Ancine – tornada parte do Ministério da Cultura por decreto presidencial, publicado ontem no Diário Oficial da União – se transforme o mais breve possível em ANCINAV, Agência Nacional do Cinema e do Audiovisual. O ministério estima que, em 30 dias, uma Medida Provisória será editada e as mudanças serão feitas. "A Casa Civil já tem nas mãos uma sugestão de um novo texto", disse Orlando Senna, secretário do Audiovisual do Ministério da Cultura. O ministro Gil também defendeu a transformação imediata do Conselho Superior de Cinema em Conselho Superior do Cinema e do Audiovisual, reunindo todos os segmentos do setor. O principal alvo da nova política audiovisual é a televisão, que o gover-

---

33   Ibidem, p. 106.

no está tentando "enquadrar" (a TV ficou de fora do decreto presidencial que criou a Ancine, no governo Fernando Henrique Cardoso).[34]

A proposta da Ancinav foi desenvolvida visando atender a uma reivindicação do setor cinematográfico, que desde o III CBC já manifestava seu desejo de inserir a televisão em uma política conjunta com o cinema.

Descrição e Análise das medidas e objetivos presentes na minuta do anteprojeto da Ancinav

O anteprojeto da Ancinav começou a ser elaborado em 2003 no âmbito do ministério da Cultura. O anteprojeto foi elaborado em gabinete e seria divulgado após o encaminhamento para o Conselho Superior de Cinema. Participaram da elaboração do projeto dirigentes, técnicos e consultores do MinC. Dentro desta equipe, destaca-se a participação do ministro da Cultura Gilberto Gil, o secretário do Audiovisual Orlando Senna, o secretário executivo Juca Ferreira e o coordenador da assessoria Sérgio Sá Leitão.

A elaboração do projeto foi resultado de uma ampla pesquisa realizada pelo MinC, que contou com a análise de legislações de outros países, estudos do mercado nacional e levou em conta opiniões de profissionais da área. O anteprojeto foi elaborado durante 14 meses e ficou em consulta pública por dois meses.

A primeira versão do anteprojeto foi encaminhada pelo MinC ao Conselho Superior de Cinema no dia 6 de agosto de 2004, mas no dia 2 de agosto o projeto foi divulgado pelo site "PayTv". Após críticas o anteprojeto passou por alterações e sua primeira versão foi encaminhada ao CSC no dia 30 de agosto do mesmo ano. Após três meses de reuniões no Comitê da Sociedade Civil do Conselho Superior do Cinema e de quase dois meses de consulta pública (de 11 de agosto a 1º de outubro) o ante-

---

34 *Ibidem*, p. 107.

projeto foi entregue ao Conselho Superior de Cinema para ser analisado pelos ministérios que integram o CSC. Nesta etapa o anteprojeto ainda poderia sofrer modificações antes de ser encaminhado ao presidente da República e ao Congresso Nacional.

Foi escolhida para análise neste trabalho a segunda revisão do anteprojeto da Ancinav, ou seja, sua terceira versão, pois se trata da versão mais atualizada do projeto, já que ele não foi encaminhado ao Congresso. Este item será dedicado à análise das principais propostas e objetivos presentes na terceira versão da minuta do anteprojeto da Ancinav.

O anteprojeto da Ancinav tinha como proposta principal a integração do setor audiovisual nacional. A ideia era transformar a Ancine em uma agência que fosse capaz de regular e fomentar toda a cadeia audiovisual, passando a englobar as várias formas de produção audiovisual, como televisão, publicidade e serviços de telecomunicação, não se limitando somente ao cinema.

Livro I – Dos Princípios fundamentais

Nesta primeira parte do anteprojeto ficam claros os objetivos e princípios ali estabelecidos. O artigo 2º pretende reforçar a ideia de não intervenção no conteúdo por parte do Estado, e afirma: "A manifestação do pensamento, a criação, a expressão e a informação, não sofrerão qualquer restrição ou censura de natureza política, ideológica e artística".[35]

Dentre seus objetivos, o artigo 4º, por meio de seus incisos, destaca a necessidade de promover a língua e a cultura nacional, a universalização do acesso às obras, combater o abuso de poder econômico, vedação ao monopólio e oligopólio dos meios de comunicação social, estimular a diversificação da produção e a competição no mercado, fortalecer a

---

[35] BRASIL. *Minuta do Projeto de Lei que dispõe sobre a organização de Atividades Audiovisuais, sobre o Conselho Superior do Audiovisual, a Agência Nacional do Audiovisual e dá outras providências*. 3. ed. 2004, p. 1.

produção independente e regional. Também se pretendia estimular a visibilidade das obras audiovisuais nacionais, ampliar as redes de exibição e fortalecer as empresas nacionais de cinema e audiovisual em todos os elos da cadeia.

O artigo 6º define que:

> As atividades audiovisuais serão organizadas com base no princípio da livre, ampla e justa competição entre todos os exploradores, devendo o Poder Público atuar para propiciá-la, assegurando a diversidade cultural e de fontes de informação e a preservação do patrimônio cultural brasileiro.[36]

Os objetivos do anteprojeto evidenciam o papel intervencionista do Estado, que se compromete a garantir as condições ideais de competição e estimular a diversificação da produção, garantir o acesso e preservar a cultura nacional. Esses itens demonstram que o anteprojeto estava em consonância com a política pública de cultura adotada pelo ministro Gilberto Gil.

Livro II – Das políticas setoriais e do órgão regulador

No Título I são definidas as funções do Conselho Superior do Cinema e do Audiovisual (CSA) e do ministério da Cultura. Neste item é proposta a criação do CSA, órgão colegiado integrante da estrutura da Casa Civil da Presidência da República.

Caberia ao Conselho propor a política nacional do cinema e do audiovisual; formular, analisar e aprovar políticas públicas e diretrizes gerais para o desenvolvimento de atividades cinematográficas e audiovisuais brasileiras; estimular a presença do conteúdo audiovisual brasileiro nos diversos segmentos de mercado; estabelecer critérios para aplicação do produto

---

36 *Ibidem*, p. 3.

da arrecadação da Condecine no Fundo Nacional para o Desenvolvimento do Cinema e do Audiovisual Brasileiros definindo os percentuais a serem distribuídos entre os diversos setores da atividade cinematográfica e audiovisual; recomendar estudos relativos às atividades cinematográficas e audiovisuais; e acompanhar a execução destas medidas.

Quanto à sua composição, o artigo 7º define:

> § 1º Decreto do Presidente da República disporá sobre a composição e o funcionamento do Conselho Superior do Audiovisual, assegurando a participação de Ministros de Estado, e no mínimo metade de sua composição total por especialistas representantes da sociedade civil e de representantes das atividades cinematográficas e audiovisuais.[37]

Também é definido o papel do ministério da Cultura, que segundo o artigo 9º:

> É o órgão executivo responsável pelo desenvolvimento e aplicação da política nacional do cinema e do audiovisual, orientando-se sempre pela diversidade cultural e pela defesa e valorização do patrimônio cultural brasileiro, consagrado no art. 216 da Constituição Federal.[38]

As funções do MinC seriam de elaborar e submeter ao Conselho Superior do Cinema e do Audiovisual propostas, políticas e diretrizes gerais para o desenvolvimento da indústria do audiovisual nacional, instituir programas de fomento à atividade, acompanhar a execução de

---

37 *Ibidem*, p. 4.

38 *Ibidem*, p. 4 – 5.

projetos realizados com recursos públicos e promover a participação de obras audiovisuais brasileiras em festivais nacionais e internacionais.

No Título II do anteprojeto a nova agência é criada e suas funções definidas. O artigo 11 determina que a Agência Nacional do Cinema (Ancine) criada pela Medida Provisória 2228-1, de 6 de setembro de 2001 passe a ser denominada Agência Nacional do Audiovisual (Ancinav).

A Ancinav teria autonomia administrativa e financeira, ausência de subordinação hierárquica, mandato fixo e estabilidade de seus dirigentes. A nova agência seria subordinada ao ministério da Cultura e teria as funções de regular e fiscalizar o setor audiovisual.

Esta estrutura não conserva a proposta do tripé institucional presente no projeto de criação da Ancine. As funções a serem desempenhadas pela Secretaria do Audiovisual não estão previstas no novo projeto, somente as funções do MinC foram definidas.

A questão da subordinação dos órgãos criados também se mostra diferente daquela elaborada durante o projeto de criação da Ancine. Nesta proposta a Ancine seria subordinada ao MDIC e o CSC à Casa Civil. No entanto, após Gilberto Gil assumir o ministério da Cultura a Ancine e o CSC passaram a ser subordinados ao MinC. Já na proposta de criação da Ancinav, a nova agência seria subordinada ao MinC e o CSC à Casa Civil.

É possível perceber uma diferença entre o projeto da Ancinav e o que foi efetivado no início do primeiro governo Lula, já que o CSC passou a ser subordinado ao MinC no início da gestão de Gilberto Gil como ministro da Cultura, e no anteprojeto da Ancinav, elaborado pelo MinC, este órgão voltaria a ser subordinado à Casa Civil.

Quanto às competências da Ancinav, destaca-se a função de implementar a política nacional de cinema e audiovisual, regular e fiscalizar o setor, aplicando sanções quando necessário. A fiscalização também se estendia à exploração de atividades cinematográficas e audiovisuais por prestadoras de serviços de radiodifusão por sons e imagens e de serviços de telecomunicações. Também era função "regular a distribuição e oferta de conteúdos audiovisuais por programadoras e distribuidoras nos serviços de comunicação eletrônica de massas, bem como qualquer outro serviço assemelhado, de acordo com a legislação, para promover a competição e a diversidade de fontes de informação".[39]

A regulamentação e fiscalização dos serviços de radiodifusão e de comunicação eletrônica de massas aparecem como uma novidade do anteprojeto, pois seria a primeira vez que o setor audiovisual seria regulado em conjunto, não fazendo distinção entre cinema e televisão.

Ainda sobre a fiscalização, também seria função da Ancinav aprovar e acompanhar, por delegação do ministério da Cultura, a execução de projetos realizados com recursos públicos diretos e por incentivos fiscais, regulamentar a utilização dos mecanismos de incentivos fiscais e solicitar informações aos exploradores e agentes de atividades cinematográficas e audiovisuais.

Além das funções principais de regulação e fiscalização, destaca-se a função de promover a articulação dos vários elos da cadeia produtiva da indústria cinematográfica e audiovisual brasileira, promover a interação com administrações do cinema e do audiovisual dos países membros do Mercado Comum do Sul (Mercosul) e demais membros da comunidade internacional, e "atuar em organismos internacionais, sob a coordenação do ministério da Cultura e do ministério das Relações Exteriores".[40]

Livro III – Do fomento, regulação e fiscalização das atividades audiovisuais

Nesta parte do anteprojeto, foram definidos os principais conceitos que seriam utilizados na adoção das medidas institucionais. Foi

---

39   Ibidem, p. 2.
40   Ibidem, p. 7.

definido o que é uma produção audiovisual, o que classifica uma obra audiovisual como independente, o que é entendido por programadora brasileira, entre outros conceitos essenciais para a execução das medidas previstas no anteprojeto da Ancinav. Assim ficou definido que:

> Art 35. Conteúdo audiovisual é o produto da fixação ou transmissão de imagens, com ou sem som, que tenha a finalidade de criar a impressão de movimento, independentemente dos processos de captação, da tecnologia empregada, do suporte utilizado inicial ou posteriormente para fixá-las ou transmiti-las, ou dos meios utilizados para sua veiculação, reprodução, transmissão ou difusão.
>
> IV – Obra audiovisual de produção independente é aquela realizada por empresa produtora independente, nos termos do artigo XX3, e cujos direitos patrimoniais majoritários sobre a obra não pertençam à prestadora de serviços de radiodifusão de sons e imagens ou outras prestadoras de serviços de telecomunicações.
>
> Art. XX3 Empresa produtora independente brasileira é aquela sociedade empresária, cooperativa de produção ou empresário individual, dedicada à produção de conteúdos audiovisuais, que não tenha associação ou vínculo, direto ou indireto, com prestadora de serviços de radiodifusão de sons e imagens ou outras prestadoras de serviços de telecomunicações exploradoras de atividades audiovisuais, não as tenha como sócia em seu capital social, nem seja dela controladora, controlada ou coligada.
>
> II. Programação nacional é aquela gerada e disponibilizada no território brasileiro, por empresas sedia-

das no Brasil, por meio de satélite ou qualquer outro meio de transmissão ou veiculação.

§ 2º Empresa programadora independente é aquela que não seja coligada, controlada ou controladora de prestadora de serviços de radiodifusão de sons e imagens ou outras prestadoras de serviços de telecomunicações exploradoras de atividades audiovisuais.[41]

O artigo 38 determinava que a Ancinav passasse a regular a exploração de atividades audiovisuais pelas seguintes categorias de serviços:

I – serviço de radiodifusão de sons e imagens; II – serviços de telecomunicações que tenham o conteúdo audiovisual como parte inerente ao serviço, incluindo os serviços de comunicação eletrônica de massa por assinatura; e III – demais serviços de telecomunicações que não tenham o conteúdo audiovisual como parte inerente ao serviço, mas que o transmitam ou ofereçam ao usuário, sob autorização ou licença, quando necessária, dos órgãos competentes para tanto.[42]

Assim, a Ancinav teria poder de regular a exploração de conteúdo audiovisual nos diversos segmentos de mercado. A agência observaria se as prestadoras de serviço estariam aplicando os princípios estabelecidos nos artigos 221 e 222 da Constituição Federal em sua programação e produção de conteúdos audiovisuais. Estes princípios visavam garantir principalmente a promoção da cultura nacional e regional, o estímulo à produção independente e a regionalização da produção.

---

41   *Ibidem*, p. 12 – 14.
42   *Ibidem*, p. 17.

Apesar de a Constituição estabelecer estes princípios a serem seguidos pelos serviços de radiodifusão, nenhum deles é utilizado como critério para a outorga e cancelamento das concessões, o que resulta em não comprometimento por parte das concessionárias. Então, seria função da Ancinav fiscalizar se eles estariam sendo seguidos.

Ainda sobre os serviços de telecomunicações, o artigo 42 abriria espaço para que a Ancinav estabelecesse condições específicas para exploração de serviços audiovisuais pelas prestadoras de serviço de telecomunicações:

> Art 42. Visando propiciar a competição efetiva e a diversidade de fontes de informação, a Ancinav poderá estabelecer condições à exploração de atividades cinematográficas e audiovisuais por prestadoras de serviços de telecomunicações e suas coligadas, controladas ou controladoras.[43]

O anteprojeto também previa a criação do Sistema de Informações e Monitoramento das Atividades Audiovisuais a ser administrado e regulamentado pela Ancinav. O objetivo deste sistema era controlar os dados do setor audiovisual para que a Ancinav pudesse regulá-lo.

Ficava estabelecido pelo anteprojeto que todo espaço de exibição pública deveria ter um sistema de controle de receitas compatível com o que fosse definido em regulamento da Agência. O artigo 46 definia que

> Os exploradores e agentes de atividades cinematográficas e audiovisuais devem fornecer relatórios periódicos sobre a oferta e consumo de obras cinematográficas e de outros conteúdos audiovisuais, na forma da regulamentação pela Agência.[44]

---

43   *Ibidem*, p. 16.
44   *Ibidem*, p. 19.

Este artigo incluía os serviços de radiodifusão, que passariam a fornecer informações à Ancinav.

Todos os agentes do setor, brasileiros ou estrangeiros, deveriam ser registrados junto à Ancinav para que pudessem exercer suas atividades. A produção de obras audiovisuais estrangeiras só poderia ser realizada mediante autorização da Ancinav e os serviços de dublagem, cópias e legendagem deveriam ser realizados em laboratórios nacionais. Também seria obrigatório o registro das obras e o pagamento da Condecine antes de sua exploração comercial.

Estas medidas, que incluíam a obrigatoriedade de registros e de acesso à informação pela Ancinav, visavam direcionar as informações para o Sistema de Informações e Monitoramento das Atividades Audiovisuais, que por sua vez tinha como objetivo auxiliar na elaboração das políticas para o setor.

Para a concretização dos objetivos do anteprojeto e do próprio MinC, a regulação sobre a televisão não poderia ficar de fora, já que representa caso de oligopólio e poder econômico excessivo, além de ser ideal para estimular a produção independente e regional, difundi-las e garantir o acesso universal às obras nacionais, devido ao seu grande número de espectadores.

O poder e o papel da televisão foram reconhecidos pelo MinC, como apontado no relatório que apresentou o anteprojeto:

> Neste contexto, a televisão (o meio audiovisual dominante) assume uma importância crucial. O brasileiro dedica 3 a 4 horas diárias à televisão, sendo este número ainda mais elevado tratando-se de crianças. Para a grande maioria, trata-se da fonte principal de informação, de lazer e de cultura. A televisão não se limita a apresentar fatos e imagens do mundo, fornecendo também conceitos e categorias – políticas, sociais, étnicas, geográficas, psicológicas etc. – utili-

zados para tornar inteligíveis esses fatos e imagens. Assim sendo, a televisão contribui para determinar não só aquilo que se vê do mundo, mas também como se vê.[45]

Seguindo esses pressupostos, foram elaboradas medidas para que as emissoras de televisão exibissem longas metragens nacionais, obras cinematográficas e videofonográficas brasileiras de produção independente e de produção regional e que destinassem espaço na programação para a inserção de publicidade e peças promocionais de obras cinematográficas brasileiras.

No entanto, após pressões sofridas, as medidas que estipulavam a reserva de espaço de programação para este tipo de conteúdo foram substituídas pelo incentivo à veiculação, presente no artigo 90:

> Art. 90 – A As prestadoras de serviços de radiodifusão de sons e imagens e outras prestadoras de serviços de telecomunicações exploradoras de atividades audiovisuais que exibirem em sua programação regular uma percentagem anual mínima, não inferior a 20%, de obras cinematográficas e videofonográficas brasileiras de produção independente e de produção regional, de obras cinematográficas brasileiras de longa metragem de produção independente, farão jus a uma redução progressiva na Condecine prevista pelo inciso I do artigo 60 para suas produ-

---

45 BRASIL. Ministério da Cultura. *Exposição de Motivos*. EM nº 00001/2004. Brasília, 2004.

ções próprias exibidas no próprio veículo, no ano subseqüente, conforme regulamento.[46]

O artigo 90 propunha que as emissoras de televisão e os serviços de telecomunicações reservassem 20% de sua programação anual a esse tipo de produção em troca da redução da taxa da Condecine. O artigo 92 definia o percentual para canais por assinatura de acordo com seu volume de programação.

A proposta de reserva de espaço e obrigatoriedade de exibição passou para incentivo à veiculação de programação independe e regional. Esta alteração das propostas será melhor analisada no item 2.2.

O objetivo era aumentar o diálogo entre cinema e televisão, possibilitando sinergias. Juca Ferreira, secretário executivo do ministério da Cultura na época, deixa claro o objetivo desta integração:

> Criar mecanismos de incentivo para que as televisões invistam no cinema, exibam o cinema, co-participem da produção de cinema, em que o cinema, através de mecanismos de incentivo, tenha a televisão como suporte publicitário para divulgar suas produções.[47]

As emissoras de televisão aberta não dedicam muito espaço de sua grade de programação para a exibição do cinema. A programação é concentrada em outros tipos de programas, como jornalismo, esportivo e de auditório.

---

46 BRASIL. *Minuta do Projeto de Lei que dispõe sobre a organização de Atividades Audiovisuais, sobre o Conselho Superior do Audiovisual, a Agência Nacional do Audiovisual e dá outras providências*. 3ª ed. 2004.

47 MERMELSTEIN, André; ZANATTA, Carlos Eduardo. "Fim ou recomeço?" *Tela Viva*, São Paulo, nº 133, vol. 12, nov. 2003, p.12-18.

Não foi possível coletar dados sobre a programação da TV aberta em 2002. No entanto, ainda em 2009 a participação do cinema nacional na grade televisiva se manteve baixa, como é possível observar pelos Gráficos 1 e 2.

Gráfico 1 – Tempo de Programação Efetiva na TV Aberta – 2009

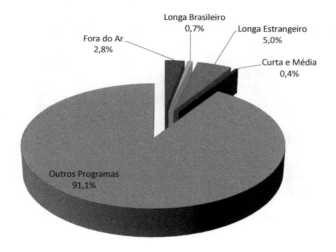

Fonte: Observatório Brasileiro do Cinema e do Audiovisual. *Tempo de Programação Efetiva na TV Aberta*. Brasília. 2009.

O Gráfico 1 mostra a pequena porcentagem de participação de filmes no tempo de programação da televisão aberta. Dentre este pequeno percentual, a participação do filme nacional é ainda menor. O tempo dedicado aos longas-metragens estrangeiros é sete vezes maior que o tempo dado às obras brasileiras, e as emissoras ficam mais tempo fora do ar do que exibindo filmes nacionais.

Ao analisar a exibição de filmes de longa-metragem por emissora de televisão aberta, é possível perceber a predominância do filme estrangeiro. A exibição do filme nacional é baixa, com percentuais maiores em determinadas emissoras e a exibição quase nula em outras.

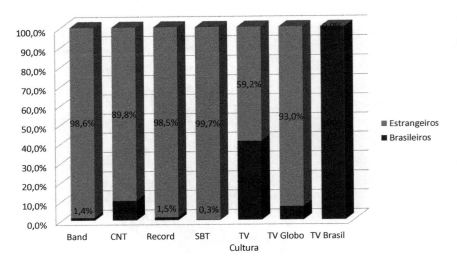

Gráfico 2 – Origem dos longas-metragens exibidos (em horas de programação) na TV aberta por emissora – 2009

Fonte: OBSERVATÓRIO Brasileiro do Cinema e do Audiovisual. *Origem das obras de Longa-Metragem exibidas na TV aberta por emissora*. Brasília. 2009.

As emissoras mais populares exibem baixíssimas porcentagens de filmes nacionais, e no caso da Globo os filmes exibidos são majoritariamente coproduzidos pela Globo Filmes. As exceções são a TV Cultura, emissora pública ligada ao Governo do estado de São Paulo com uma proposta de caráter educativo e cultural, e a TV Brasil, emissora com amplo conteúdo nacional, o que explica seu alto percentual de exibição de longas-metragens nacionais.

A partir da compreensão da lógica de exibição da televisão nacional, e da importância que este segmento representa para as produções audiovisuais nacionais que o anteprojeto elaborou propostas para este setor. O incentivo dado às emissoras de televisão e aos serviços de telecomunicação para que exibissem produções nacionais em sua grade de programação tinha o intuito de estabelecer relações entre estes setores e a produção nacional, abrir espaço para exibição, promovendo a integração do setor audiovisual.

A nova agência também regularia a exploração de atividade cinematográfica e audiovisual quando realizada por prestadora de serviço de telecomunicações. Esta definição está presente no Artigo 38, inciso "II – serviços de telecomunicações que tenham o conteúdo audiovisual como parte inerente ao serviço, incluindo os serviços de comunicação eletrônica de massa por assinatura".[48]

Esta abrangência também demonstra o caráter inovador da proposta, que se preocupou com a crescente convergência tecnológica e propôs a regulação para o setor de telecomunicação que explore o audiovisual. No entanto, a regulação seria apenas referente à exploração de obras audiovisuais, como fica claro no inciso II do Artigo 34: "§ 4º A exploração de atividade cinematográfica e audiovisual não se confunde com a prestação de serviço de telecomunicações."[49]

Ficariam passíveis de regulação pela Ancinav, os serviços de telecomunicação que transmitissem ou oferecessem conteúdo audiovisual ao usuário.

> Com isso, estarão sujeitos ao controle da Ancinav, dentre outros serviços de telecomunicações, quanto à exploração de atividades cinematográficas e audiovisuais, a radiodiodifusão de sons e imagens, os serviços de comunicação eletrônica de massa por assi-

---

48 BRASIL. *Minuta do Projeto de Lei que dispõe sobre a organização de Atividades Audiovisuais, sobre o Conselho Superior do Audiovisual, a Agência Nacional do Audiovisual e dá outras providências*. 3ª ed. 2004, p. 15.

49 *Ibidem*, p. 12.

natura, que compreendem o Serviço de TV a Cabo, o Serviço de Distribuição de Sinais de Televisão e de Áudio por Assinatura via Satélite (DTH), o Serviço de Distribuição de Sinais Multiponto Multicanal (MMDS), o Serviço Especial de Televisão por Assinatura (TVA), bem como qualquer outro serviço dessa natureza, o Serviço Móvel Pessoal (SMP), o Serviço de Comunicação Multimídia (SCM) etc. [50]

Para esta regulação dos serviços de telecomunicação que transmitam conteúdos audiovisuais, estavam previstos mecanismos de cooperação entre o ministério das Comunicações, a Anatel e a Ancinav. No entanto, no anteprojeto não estava definido de forma clara como esta cooperação funcionaria.

Com esta proposta, o MinC demonstra reconhecimento da importância que as novas formas de difusão têm na exploração comercial da obra audiovisual. Já em 2004, ano da proposta do anteprojeto, a maior parte da renda de um filme não se fazia mais nas salas de exibição, mesmo que continuasse sendo importante para o lançamento de um filme, não era mais a principal fonte de arrecadação. Neste contexto, é necessária a regulação das novas formas de exploração de obras audiovisuais, entre elas os serviços de telecomunicação.

Quanto à taxação, pretendia-se expandir as bases de arrecadação da Condecine (Contribuição para o Desenvolvimento da Indústria Cinematográfica Nacional) a partir do investimento do próprio setor audiovisual, que seria taxado em vários segmentos. O inciso I do Art. 60 taxava a exploração comercial de obras cinematográficas e audiovisuais em diversos segmentos, como salas de exibição, vídeo doméstico, serviço de radiodifusão e de comunicação eletrônica de massa por assinatura. Essas

---

50 BRASIL. Ministério da Cultura. *Exposição de Motivos*. EM nº 00001/2004. Brasília, 2004.

taxas deveriam ser pagas pelo detentor dos direitos de exploração comercial da obra, e no caso de obras publicitárias, pelo produtor responsável.

Segundo o artigo 62, a Condecine deveria ser paga uma única vez por título ou capítulo da obra para cada segmento de mercado a que se destinar a exploração comercial. Para obra publicitária, seria uma única vez a cada doze meses por título de obra para cada segmento de mercado a que se destinar. Os valores estipulados variam de acordo com a duração da obra e o segmento de mercado, e podem ser consultados no anteprojeto em anexo.

No caso da exploração em salas de exibição a Condecine, deveria ser paga uma única vez, na disponibilização da obra para o mercado. No entanto, a taxa iria variar de acordo com o número de telas ocupadas pelo mesmo filme, ou seja, filmes com grande potencial comercial que estreavam simultaneamente em várias salas teriam uma taxação maior. Foi proposto que filmes lançados com mais de 451 cópias deveriam pagar R$ 80.000,00, e filmes com 301 a 450 cópias pagariam R$ 60.000,00, já os filmes nacionais pagariam apenas 10% destes valores.

O artigo 60 ainda prevê a taxação de outros serviços, como o inciso II que taxava em 11% a remessa para o exterior decorrente da exploração de obras cinematográficas ou videofonográficas no Brasil. O inciso III que taxava a venda de aparelhos de televisão, vídeo cassete, DVD, monitores de computador e de telefonia móvel que transmitam conteúdos audiovisuais. Esta taxa seria de 2% sobre o valor do aparelho já descontado os impostos devidos e deveria ser paga pelo fabricante ou importador dos aparelhos.

O inciso IV taxava o distribuidor em 5% sobre o valor cobrado por unidade na venda de obras audiovisuais para o mercado de vídeo doméstico. O inciso V criava a Condecine de 3% sobre a compra de espaço de mídia na televisão, que deveriam ser pagas pelas empresas que anunciam e o inciso VI taxava o faturamento do serviço de distribuição de conteúdos audiovisuais por telefonia.

No entanto, a exploração comercial das obras audiovisuais brasileiras não publicitárias deveria pagar apenas 10% do valor estipulado pelo anteprojeto. E o artigo 71 isentaria do pagamento da Condecine obras jornalísticas, esportivas, educativas, filantrópicas e aquelas destinadas à exibição exclusiva em festivais e mostras.

Também seriam isentos do pagamento da Condecine as chamadas de programas e a publicidade de obras cinematográficas e videofonográficas brasileiras, as obras cinematográficas e videofonográficas publicitárias brasileiras de produção e veiculação local de baixo custo, o anunciante que adquirisse espaço publicitário em programação que veiculasse produção independente, produção regional e produção educativa e também a Condecine título das obras de produção independente destinadas as prestadoras de serviços de radiodifusão.

Estas isenções e reduções na taxa da Condecine evidenciam a intenção de proteger as obras audiovisuais nacionais, não limitando sua exploração comercial. Além de proteger, estas medidas poderiam contribuir com o estímulo à produção, já que seria mais barato veicular obras nacionais do que estrangeiras. A publicidade também seria incentivada a adquirir espaço de mídia em programações independentes, regionais e educativas, já que teria a isenção de Condecine.

A única arrecadação que não seria administrada pela Ancinav, e sim pela Secretaria da Receita Federal, é a remessa para o exterior decorrente da exploração de obras cinematográficas ou videofonográficas no Brasil, prevista no inciso II do artigo 60. Pois assim se manteria a opção da utilização do artigo 3º da Lei do Audiovisual, destinada à coprodução de obras cinematográficas nacionais. Este mecanismo permitiria que as distribuidoras estrangeiras invistam na coprodução de filmes, participando também de sua distribuição.

As programadoras e os canais internacionais também poderiam optar pelo uso do artigo 3º para coprodução de obras cinematográficas e videofonográficas de produção independente para televisão, e caberia a Ancinav determinar por regulamento o valor máximo a ser aplicado através do artigo 3º, pela programadora, em cada projeto.

Essas, entre outras taxas, procuraram englobar o setor audiovisual inteiro, prevendo a taxação de várias formas de exploração comercial de obras audiovisuais e contribuindo para sua integração. O produto desta arrecadação seria destinado ao Funcinav – Fundo Nacional para o Desenvolvimento do Cinema e do Audiovisual Brasileiro –, fundo que tinha como um dos objetivos financiar o fomento às atividades audiovisuais.

Desse modo, o Estado passaria a taxar a indústria consolidada do audiovisual, como as emissoras de televisão e agências de publicidade, para incentivar principalmente o cinema, que ainda não é uma indústria estabilizada, estimulando a produção regional e a independente em relação às grandes emissoras, a distribuição, e a melhora da infraestrutura de exibição.

O objetivo do Funcinav está descrito no Artigo 80:

> Art. 80. Fica instituído fundo de natureza contábil, denominado Fundo Nacional para o Desenvolvimento do Cinema e do Audiovisual Brasileiros (Funcinav), com os objetivos de fomentar as atividades cinematográficas e audiovisuais brasileiras, incentivar a capacitação de recursos humanos e o aperfeiçoamento da infra-estrutura de serviços; e custear a fiscalização das atividades cinematográficas e audiovisuais, o sistema de informações, o desenvolvimento de meios e o aperfeiçoamento de técnicas necessárias ao exercício das competências da ANCINAV.[51]

---

51 BRASIL. *Minuta do Projeto de Lei que dispõe sobre a organização de Atividades Audiovisuais, sobre o Conselho Superior do Audiovisual, a Agência Nacional do Audiovisual e dá outras providências*. 3ª ed. 2004, p. 24.

Por meio deste artigo é possível verificar que o fundo não seria destinado apenas ao fomento do setor, sendo também recurso fundamental para o exercício das atividades da Ancinav. Quanto ao fomento às atividades cinematográficas e audiovisuais brasileiras, estas não se limitariam à produção, como fica claro no Artigo 84:

> § 1º Os recursos do Funcinav devem ser destinados prioritariamente à empresa de exibição brasileira nos termos do art. 36, ao fomento das atividades audiovisuais descritas no inciso XIX do artigo 4º, ao fomento de distribuidoras brasileiras nos termos do art. 36, ao fomento de carteiras de produção de empresas brasileiras nos termos do art. 36, e à ampliação da capacidade de produção independente de obras audiovisuais brasileiras.[52]

Seriam contemplados os setores de exibição, produção e distribuição, valorizando o papel estratégico de cada setor e estimulando o fortalecimento do audiovisual nacional.

O orçamento do Funcinav seria constituído principalmente pela verba destinada pelo Orçamento Geral da União, pelo produto da arrecadação da Condecine, produto arrecadado pela fiscalização, como pagamento de multas e taxas, e 5% de algumas fontes de arrecadação do Fundo de Fiscalização das Telecomunicações (FISTEL).[53]

Dentre estas fontes de recurso se destaca a cobrança da Condecine, que representa a divisão de investimento entre o Estado e o próprio setor,

---

52 Ibidem, p. 26.
53 Seriam taxadas em 5% cinco por cento as alíneas "c", "d", "e" e "j" do art. 2º da Lei no 5.070, de 7 de julho de 1966, com as alterações introduzidas pela Lei nº 9.472, de 16 de julho de 1997. Estas alíneas são referentes às receitas geradas pelo poder concedente e serviços técnicos das atividades de telecomunicações e radiofrequência, como outorga, multas, indenizações, autorizações.

pois as taxas pagas pelo setor audiovisual seriam destinadas a fomentar a própria atividade.

O artigo 87 instituia os seguintes mecanismos de fomento à atividade audiovisual nacional:

> I – o Programa de Apoio ao Desenvolvimento do Cinema Brasileiro (Prodecine), destinado ao fomento de projetos de produção independente, distribuição, comercialização e exibição por empresas brasileiras conforme definição do artigo 36;
> II – o Programa de Apoio ao Desenvolvimento do Audiovisual Brasileiro (Prodav), destinado ao fomento de projetos de produção, programação, distribuição, comercialização e exibição de obras videofonográficas e outros conteúdos audiovisuais brasileiros;
> III –Programa de Apoio ao Desenvolvimento da Infra-Estrutura do Cinema e do Audiovisual (Proinfra), destinado ao fomento do desenvolvimento, ampliação e modernização dos serviços e bens de capital de empresas brasileiras e profissionais autônomos, que atenda as necessidades tecnológicas das produções audiovisuais brasileiras.
> IV – o Prêmio Adicional de Renda, calculado sobre o resultado auferido pela exploração da obra cinematográfica e videofonográfica de longa metragem brasileira.[54]

Sobre a exibição de obras cinematográficas de longa-metragem em espaço comercial, além da diferente taxação de acordo com o núme-

---

54 BRASIL. *Minuta do Projeto de Lei que dispõe sobre a organização de Atividades Audiovisuais, sobre o Conselho Superior do Audiovisual, a Agência Nacional do Audiovisual e dá outras providências.* 3ª ed. 2004, p. 27.

ro de cópias de cada filme, o artigo 88 estipulava a cota de tela para filmes nacionais, o número mínimo de dias de exibição por ano seria definido por decreto. O artigo também trazia outras garantias para a exploração da obra cinematográfica nacional, como estabelecido em seus parágrafos:

> § 1º As obras cinematográficas brasileiras de longa metragem devem ser mantidas em exibição no mesmo complexo de salas enquanto alcançarem a freqüência média semanal da sala em exibição, calculada nos dois semestres anteriores ao semestre em curso, conforme regulamento; e
>
> § 2º A agência, ouvidas as partes, estabelecerá anualmente o número máximo de telas, em um mesmo complexo de salas, a serem ocupados por um mesmo título de obra cinematográfica de longa metragem estrangeiro.[55]

Esta proposta foi elaborada com base no estudo do mercado cinematográfico nacional e visava corrigir as principais distorções. Esta medida pretendia também proteger o filme nacional que estivesse atingindo a média de público nas salas de exibição para que pudesse ser melhor explorado economicamente. Já que os filmes nacionais não permanecem o tempo suficiente nas salas de exibição.

Ela se preocupava em garantir espaço para a exploração do filme nacional nas salas de exibição, que são majoritariamente ocupadas por *blockbusters*.

Os *blockbusters* possuem uma estratégia de lançamento agressiva, contando com ampla publicidade e sendo lançados com grande número de cópias. Eles são responsáveis pela maior parte do público e renda do mercado cinematográfico e ocupam grande parte do parque exibidor,

---

55 *Ibidem*, p. 28.

diminuindo o espaço de exibição de filmes com lançamentos menores, como é o caso da maior parte dos filmes nacionais.

Para a análise desta situação, foi escolhido o ano de 2002, já que o anteprojeto foi elaborado com base no estudo de mercado anterior a 2004, ano de apresentação da proposta, e o ano de 2003 representa uma exceção na produção cinematográfica nacional, como é possível perceber no Gráfico 3:

Gráfico 3 – Evolução do marketshare do filme nacional 2001–2012

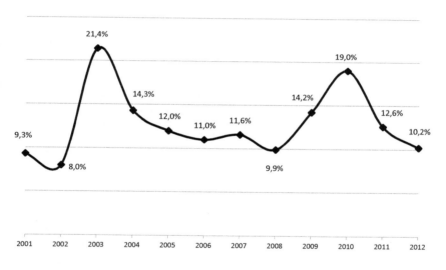

Fonte: SDRJ – FilmeB.

Assim, o ano de 2002 foi escolhido para ilustrar o mercado cinematográfico nacional que auxiliou na elaboração do anteprojeto da Ancinav. Os dados podem ser vistos na Tabela 1:

Tabela 1 – Top 20 lançamentos 2002

	Título	Distrib.	Cópias	Estreia	Público no primeiro fim de semana	Média por cópia
1	Homem-aranha	COL	507	17/mai	1.299.312	2.563
2	Harry Potter e a câmara...	WAR	477	22/nov	879.660	1.844
3	Sinais	BVI	427	20/set	708.227	1.659
4	MIB: Homens de preto 2	COL	383	12/jul	693.605	1.811
5	O senhor dos anéis	WAR	350	1º/jan	573.974	1.640
6	Scooby-Doo	WAR	285	04/out	528.400	1.854
7	Onze homens e um segredo	WAR	289	22/fev	484.193	1.675
8	XXX – triplo x	COL	397	06/set	476.418	1.200
9	Star wars: episódio 2	FOX	478	1º/jul	459.052	960
10	Minority report – a nova lei	FOX	345	02/ago	419.878	1.217
11	A era do gelo	FOX	294	22/mar	372.712	1.268
12	Xuxa e os duendes	WARNER	311	14/dez/01	256.444	825
13	Uma mente brilhante	UIP	183	15/fev	244.469	1.336
14	Tudo para ficar com ele	COL	227	23/ago	236.678	1.043
15	O escorpião rei	UIP	268	26/abr	235.245	878
16	Dragão vermelho	UIP	252	1º/nov	227.397	902
17	Casamento grego	EUR/MAM	145	08/nov	223.094	1.539
18	O quarto do pânico	COL	224	07/jun	213.366	953
19	Vanilla sky	UIP	204	25/jan	205.592	1.008
20	Resident evil – o hóspede...	COL	163	26/jul	198.960	1.221

Fonte: SDRJ – FilmeB. Elaborado pela autora.

Analisando a tabela é possível perceber que os filmes internacionais lideram os maiores lançamentos, ocupando grande parte das telas de exibição brasileiras. Estes filmes conseguem atingir um grande público em um fim de semana, devido à estratégia de lançamento e ao alto número de cópias lançadas, fazendo as maiores médias por cópia.

Dentre os maiores lançamentos, apenas um filme é nacional e a média de público que faz por cópia é a mais baixa entre eles.

No entanto, os filmes de grande lançamento comercial são responsáveis pela maior porcentagem de público e renda. O Gráfico 4 comprova o predomínio dos blockbusters no mercado cinematográfico nacional.

Gráfico 4 – Market share dos filmes em 2002

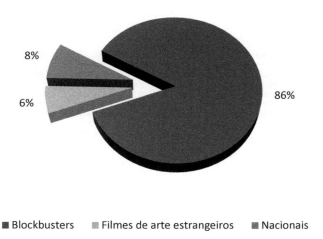

■ Blockbusters   ■ Filmes de arte estrangeiros   ■ Nacionais

Fonte: SDRJ – FilmeB. Elaborado pela autora com base nos dados do FilmeB.

Este formato de *blockbusters* está presente tanto nos filmes internacionais como nacionais. No entanto, o *blockbuster* americano tem uma estratégia muito mais agressiva que o nacional, e ocupa mais salas que este. A quantidade de *blockbusters* americanos também é muito maior e constante do que a de nacionais, como é possível observar na Tabela 2.

Tabela 2 – Top 20 público de 2002

#	Título	Distribuidora	Público	Renda (R$)	Cópias
1	Homem-aranha	COLUMBIA	8.488.182	46.031.289,00	507
2	O senhor dos anéis – a sociedade...	WARNER	4.286.887	24.560.091,00	350
3	Harry Potter e a câmara secreta	WARNER	3.933.328	22.962.072,00	477
4	MIB:homens de preto 2	COLUMBIA	3.445.394	18.757.914,00	383
5	Scooby-Doo	WARNER	3.175.875	16.614.205,00	285
6	Cidade de deus	LUMIÈRE	3.117.220	18.694.109,00	100
7	Sinais	BUENA VISTA	2.707.995	16.027.239,00	427
8	Xuxa e os duendes	WARNER	2.657.091	11.681.917,00	304
9	A era do gelo	FOX	2.493.753	13.300.946,00	294
10	Onze homens e um segredo	WARNER	2.439.239	15.343.586,00	289
11	Monstros S. A.	BUENA VISTA	2.376.082	12.238.076,00	289
12	Uma mente brilhante	UIP	2.197.687	13.849.375,00	183
13	Star wars: episódio 2	FOX	2.090.633	11.938.136,00	478
14	Lilo & Stitch	BUENA VISTA	1.938.791	9.624.103,00	261
15	Triplo X	COLUMBIA	1.592.775	9.045.253,00	395
16	Casamento grego	EUR/MAM	1.553.583	10.390.800,00	145
17	American pie 2 – 2ª vez é ainda melhor	UIP	1.518.472	8.230.419,00	223
18	Minority report – a nova lei	FOX	1.498.073	9.706.661,00	345
19	Tá todo mundo louco	EUR/MAM	1.244.849	7.029.870,00	141
20	Infidelidade	FOX	1.055.910	6.778.038,00	173

Fonte: SDRJ – FilmeB. Elaborado pela autora.

A Tabela 2 explicita a diferença entre o número de filmes norte-americanos e nacionais. O filme americano de maior público foi lançado com 507 cópias, já o nacional, com 100 cópias, um quinto daquele. Entre os vinte filmes de maior sucesso de público, apenas dois são nacionais. Esta tabela corresponde aos 20 filmes de maior público em 2002, no entanto se fossem analisados os 50 filmes de maior público neste ano se manteriam apenas estes dois filmes nacionais.

Dentre os filmes exibidos, o estrangeiro tem a maior porcentagem tanto de público como de renda, como é possível observar no Gráfico 5, a seguir:

Gráfico 5 – Percentuais de participação dos filmes de 2002

	Participação de público	Participação de renda	Número de lançamentos
Nacional	8%	8%	15%
Internacional	92%	92%	85%

Fonte: SDRJ – FilmeB. Elaborado pela autora.

O filme estrangeiro foi responsável por mais de 90% do público e renda das salas de exibição nacionais no ano de 2002.

Foi a partir da compreensão deste cenário que o anteprojeto da Ancinav elaborou medidas para conter a dominação do mercado nacional pelo *blockbuster* americano e abrir espaço para a exploração da produção nacional, tanto por meio da taxação de acordo com o número de cópias, quanto limitando o número de telas que poderiam ser ocupadas por este tipo de filme.

Esta proposta pretendia abrir mais espaço para a exibição do filme nacional e contribuir para a sua melhor exploração econômica. Também diminuiria a ocupação do mercado nacional pelo filme estrangeiro, com o objetivo de proteger a indústria cinematográfica nacional.

Além do Funcinav, o setor audiovisual contaria com outro fundo de fomento, os Fundos de Financiamento da Indústria Cinematográfica e Audiovisual Brasileira (Funcines), criado em 2001 por meio da MP 2.228-1/01. Segundo o artigo 101, este fundo seria constituído sob a forma de condomínio fechado, sem personalidade jurídica, e administrados por instituição financeira autorizada a funcionar pelo Banco Central do Brasil. Os Bancos de Desenvolvimento estariam autorizados a instituir e administrar o Funcines, no entanto caberia à Comissão de Valores Mobiliários autorizar, disciplinar e fiscalizar a constituição, o funcionamento e a administração dos Funcines.

Os Funcines funcionariam por meio de renúncia fiscal, onde pessoas físicas e jurídicas poderiam investir em projetos audiovisuais. Poderiam receber recursos dos Funcines projetos de produções independentes, construção e reforma de salas de exibição, criação de empresas brasileiras de produção independente, projetos de distribuição e infraestrutura. Quanto às produções audiovisuais, poderiam receber recursos obras cinematográficas e videofonográficas, tanto de cinema como de televisão.

> A vantagem dos FUNCINES em relação aos demais mecanismos de incentivo é que, enquanto estes são voltados para o apoio a um projeto específico, escolhido individualmente pelo investidor, no caso do FUNCINES há a possibilidade de estruturação de um fundo de investimentos que administra uma carteira de projetos, abrangendo um ou

mais projetos, que, inclusive, podem ser realizados por agentes diferentes.[56]

A diferença deste mecanismo de investimento era que os investidores comprariam cotas dos projetos e poderiam obter retorno financeiro. Como a maioria das cotas disponibilizadas necessitam de um alto valor de investimento, esse mecanismo acaba sendo mais utilizado por empresas.

O anteprojeto da Ancinav optou por manter a proposta de criação do Funcines presente na MP 2.228-1/01 que criou a Ancine, acreditando na importância desta ferramenta para o desenvolvimento do setor audiovisual, já que os objetivos do fundo iam ao encontro das ideias defendidas no anteprojeto, como o fomento aos vários elos da cadeia audiovisual.

O anteprojeto também previa alterações na legislação sobre direitos autorais referentes à exploração de obras audiovisuais. Seriam alterados os artigos 68, 81, 86 e 99 da Lei no 9.610. Estas alterações primeiramente acrescentariam a restrição de veiculação sem autorização prévia do titular da obra para as obras audiovisuais, buscando diferenciar a obra musical da obra audiovisual. Também criaria uma exceção quanto aos direitos autorais que estivessem presentes em obras adaptadas ou incorporadas a uma obra audiovisual. Neste caso, o autor passaria seus direitos autorais para o produtor audiovisual. Assim, quando uma música aparecesse dentro de um filme, deveriam ser pagos os direitos autorais da obra audiovisual, e não mais da música em si.

O objetivo do MinC era remunerar os outros autores da obra audiovisual, o diretor e o argumentista, partindo da ideia que a música faz parte da obra audiovisual e não pode ser dissociada desta. Esta medida foi contestada por não permitir o controle do próprio autor sobre sua

---

56 IKEDA, Marcelo. "Crônica de uma Separação: as políticas públicas para o audiovisual e o estímulo à produção independente". *Revista de Economía Política de las Tecnologías de la Información y Comunicación*, nº 3, vol. 14, 2012.

obra, já que ela poderia ser comercializada em outras formas sem que haja a devida autorização. No entanto, caberia ao autor e ao produtor entrarem em acordo quanto à cessão dos direitos.

Por meio do artigo 126, passariam a ser responsáveis pelo pagamento de direitos autorais por veiculação de obras audiovisuais não só as emissoras de televisão e os estabelecimentos públicos, mas também os responsáveis por qualquer outra forma analógica ou digital de comunicá-las ao público. Este artigo também estipulava que os valores provenientes da exploração dos direitos autorais de obras audiovisuais deveriam ser arrecadados e administrados por uma organização de gestão coletiva e serem negociados entre as partes interessadas. Caberia a Ancinav "regulamentar e fiscalizar os procedimentos de arrecadação e distribuição, em comum, para todos os titulares de direitos sobre as obras audiovisuais, da remuneração relativa à sua exibição pública por quaisquer meios ou processos".[57]

O artigo 127 pretendia criar uma organização específica para lidar com a arrecadação e a distribuição dos direitos gerados pela exibição pública das obras audiovisuais. Por meio das alterações na legislação referente aos direitos autorais, o anteprojeto objetivava ter maior controle sobre a exploração de conteúdos audiovisuais. A arrecadação passaria a englobar mais formas de exploração e teria a supervisão da Ancinav.

Esta proposta encontrou resistência do Escritório Central de Arrecadação e Distribuição (Ecad), instituição responsável pela arrecadação e distribuição dos direitos autorais. O Ecad acreditava que a proposta da Ancinav iria ferir o direito privado de propriedade sobre as obras musicais e estatizaria o direito autoral. Para o MinC, a proposta tratava de corrigir as distorções e assegurar os direitos do diretor e argumentista. A proposta também não implicaria na extinção do Ecad, como explica Sergio Sá Leitão em entrevista a revista *Tela Viva*:

---

[57] BRASIL. *Minuta do Projeto de Lei que dispõe sobre a organização de Atividades Audiovisuais, sobre o Conselho Superior do Audiovisual, a Agência Nacional do Audiovisual e dá outras providências*. 3ª ed. 2004, p. 41.

Quem arrecadará serão as sociedades de arrecadação de direitos autorais de obras audiovisuais, que deverão ser constituídas pelos titulares desses direitos: compositores, diretores e argumentistas, explica Sérgio de Sá Leitão. Pode-se imaginar uma situação em que o próprio Ecad torne-se o ente arrecadador, desde que receba delegação das associações de compositores, diretores e argumentistas.[58]

Mais uma vez o anteprojeto toca em assuntos delicados para o setor audiovisual. Com o objetivo de atualizar a legislação e corrigir as deficiências na arrecadação dos direitos autorais, a proposta da Ancinav encontrou novos opositores.

Caso não fossem seguidas as normas estabelecidas no anteprojeto, seriam aplicadas sanções, que incluíam advertência, multa simples, multa diária e restrição de direitos, que iriam variar de acordo com o caráter da infração. A multa diária teria seu valor entre quinhentos e cem mil reais. A multa para cada infração não poderia ser superior a R$5.000.000,00 (cinco milhões de reais) e seria definida de acordo com a condição econômica do infrator e a gravidade da falta.

É possível perceber que as medidas do anteprojeto englobavam todo o setor audiovisual, como cinema, televisão e conteúdos distribuídos por serviço de telefonia, levando em conta a importância de todos os elos da cadeia. O anteprojeto pretendia modificar as relações dentro do setor audiovisual, passando a integrá-lo e visando alterar as relações de mercado, que são altamente concentradas, abrindo espaço para produção independente e regional.

---

58 MINC diz que proposta da Ancinav corrige distorções. *Tela Viva*. São Paulo, 30 ago. 2004. Disponível em: <http://convergecom.com.br/paytv/30/08/2004/minc-diz-que-proposta-da-ancinav-corrige-distorcoes/>. Acesso em: 10 maio 2014.

Essas medidas tinham o intuito de diversificar, valorizar e garantir a exibição da produção nacional, visando fortalecer o mercado interno e estimular a competição. O anteprojeto pretendia integrar cinema e televisão, o que foi uma novidade quanto à política do audiovisual no Brasil, pois neste país historicamente a televisão – que acumula lucros, espectadores e poder político – quase nunca dialogou com o cinema.

Com este anteprojeto, o ministério da Cultura estava adotando uma postura intervencionista, entendendo que a obrigatoriedade de exibição da produção independente alavancaria a produção desta, gerando mais empregos no setor, contribuindo para diminuir a concentração da produção de conteúdo, diversificando a programação da televisão, e aumentando a presença do produto nacional no próprio mercado.

Segundo o ministro, o anteprojeto era fundamental para o setor audiovisual:

> Trata-se de afirmar ou não afirmar a capacidade do Brasil de ser um criador, um produtor e um difusor de conteúdos audiovisuais próprios. De saber se queremos ou não queremos construir a nossa própria imagem, a partir da incrível diversidade cultural e natural deste país. Se queremos ou não criar mais empregos e gerar mais renda através de uma indústria livre, criativa, inteligente, sustentável e limpa.[59]

A especificidade do setor audiovisual necessita da intervenção estatal, como já foi comprovado. nos anos 1990, que foram marcados pelo desmonte estrutural que o governo Collor realizou no setor cultural do país e pelo consequente enfraquecimento da atividade cinematográfica, que sem o apoio estatal teve a sua crise aprofundada. Esta situação se

---

[59] GIL, Gilberto. "Aula Magna na USP – Universidade de São Paulo". In: ALMEIDA, Armando; ALBERNAZ, Maria Beatriz; SIQUEIRA, Mauricio. *Cultura pela palavra*. Rio de Janeiro: Versal, 2013, p. 302.

refletiu diretamente no cenário da produção, com a quase inexistência de filmes brasileiros de longa-metragem e total dominação do produto estrangeiro no mercado interno.

Em documento que apresenta o anteprojeto da Ancinav, o ministério da Cultura reconhece esta demanda:

> O setor audiovisual não é igual aos outros, não se limitando a produzir bens destinados a serem vendidos no mercado como quaisquer outros bens. Trata-se, na realidade, de um setor cultural por excelência, cujo "produto" possui uma natureza única e específica e cuja influência é fundamental para aquilo que os cidadãos conhecem, acreditam e sentem.[60]

Nesta declaração o MinC reafirma o princípio da "exceção cultural" defendido pela França, reconhecendo a especificidade do setor audiovisual, que não se limita somente ao mercado. O MinC demonstra a compreensão da importância da produção audiovisual nacional para expressão de valores, crenças e visões de mundo das culturas brasileiras, assim como a importância do acesso da população a esta produção. Assim, o MinC também reconhece a importância do Estado intervir neste setor e garantir a proteção e o desenvolvimento do setor audiovisual nacional.

Soma-se a essa condição as mudanças pela qual o setor vem passando com o surgimento das novas tecnologias e formas de consumo de produtos audiovisuais. Juca Ferreira aponta para estas mudanças:

> O cinema depende cada vez mais do vídeo e do DVD, da televisão aberta, da tevê a cabo, das telas dos celulares, enfim, de uma complexa teia de veiculação e distribuição de conteúdos audiovisuais.

---

60 BRASIL. Ministério da Cultura. *Exposição de Motivos*. EM nº 00001/2004. Brasília, 2004.

> Hoje, mais de 70% da renda de um filme tende a se realizar fora das salas de exibição.[61]

Os serviços de telefonia e as formas alternativas de consumo audiovisual inserem novos agentes no mercado e abrem espaço para novas formas de negócio. Neste novo contexto faz-se necessária a regulamentação, como defendeu Juca Ferreira:

> A pergunta a fazer agora é se o poder público terá mecanismos regulatórios para garantir o impulso democratizador inerente a essas mudanças tecnológicas. De forma desregulada, essa revolução pode ter efeito contrário ao esperado. O país pode se fragilizar ao ignorar esta realidade. Tentar evitar a convergência tecnológica nos parece uma intenção vã e reacionária.
>
> Nesse sentido, uma política pública eficiente precisa entender o audiovisual em sua dualidade de arte e mercado e em sua abrangência econômica. Daí a necessária transformação de uma Agência voltada apenas para o cinema para um órgão regulador que dê conta de todos os elos da cadeia da circulação e veiculação dos conteúdos audiovisuais, a Ancinav.[62]

Tendo em vista esse cenário, o anteprojeto propôs mudanças com o objetivo de atingir a auto sustentabilidade do setor audiovisual explorando suas diversas potencialidades. Busca-se o aumento da produção e inserção de conteúdo audiovisual nacional no mercado interno e incen-

---

61 FERREIRA, Juca. "Ancinav: omissão ou missão?". In: ALMEIDA, Armando; ALBERNAZ, Maria Beatriz; SIQUEIRA, Mauricio. *Cultura pela palavra*. Rio de Janeiro: Versal, 2013, p. 53.

62 *Ibidem*, p. 53 – 54.

tivo para explorar o mercado internacional, diversificação dos conteúdos produzidos e exibidos e integração sistêmica da economia audiovisual brasileira. No documento elaborado pelo MinC os objetivos são resumidos assim:

> Em outras palavras, trata-se de perseguir um círculo econômico virtuoso para as atividades cinematográficas e audiovisuais brasileiras. O que buscamos atingir é a manutenção do Brasil como centro produtor de cinema e audiovisual importante, preservando empregos qualificados, ampliando o mercado de trabalho neste setor sensível da economia e da cultura, gerando maior número de riquezas e qualificando-se ainda mais para atrair divisas. O sucesso da diretriz de desenvolvimento setorial proposta terá claros reflexos sobre o conjunto do desenvolvimento nacional, contribuindo para o crescimento do país e a qualificação da sua economia.[63]

O anteprojeto da Ancinav foi uma proposta inovadora que abordava diversos elos da cadeia audiovisual e propunha mudanças estruturais. Com isto encontrou resistência de alguns setores e dividiu opiniões quanto às suas propostas.

---

63 BRASIL. Ministério da Cultura. *Exposição de Motivos*. EM n° 00001/2004. Brasília, 2004.

2
Repercussão da Proposta de Criação da Ancinav

Repercussão da proposta na mídia e a divisão do campo do audiovisual

Como foi descrito no *Capítulo 1*, o anteprojeto previa a criação de medidas relativas a vários elos da cadeia audiovisual e que propunham alterações em seus modos de trabalho, visando abrir espaço para a produção nacional independente.

Por ser uma proposta ampla e que pretendia lidar com muitas questões, a proposta de criação da Ancinav dividiu opiniões no meio audiovisual. O anteprojeto foi marcado pela polêmica que envolveu os serviços de radiodifusão, a mídia, cineastas e o ministério da Cultura.

A repercussão na mídia

Grande parte da mídia posicionou-se de forma contrária à criação da nova agência. Foram divulgadas matérias e colunas de opinião em jornais e revistas com ampla veiculação nacional que atacavam explicitamente a proposta e davam pouco ou nenhum espaço de resposta.

Exemplos destes ataques foram veiculados pelo jornal *O Estado de S. Paulo* e a revista *Veja*, que publicaram matérias em que acusavam a proposta de autoritária e de controladora da liberdade de expressão. Como é o caso da matéria "Um desastre de lei" veiculada pela revista *Veja* em 13 de outubro de 2004, cujo subtítulo é "O projeto que cria a Ancinav é tão autoritário que não adianta tentar reformá-lo: o melhor mesmo é jogá-lo fora". A matéria ataca o anteprojeto e o relaciona com a censura:

> No entanto, sob a redação vaga da lei escondem-se ferramentas poderosas para que o governo manipule o setor, em vez de apenas "organizá-lo". Ainda que se esconda em pele de cordeiro, a lei da Ancinav é tributária da obsessão autoritária pelo controle social dos meios de comunicação – idéia que os autores do documento deixam escapar em sua exposição de princípios. O caso, então, não é discutir quais artigos do projeto descartar, e sim decidir se o correto seria picá-lo todo em pedacinhos ou guardá-lo no museu do entulho stalinista.[1]

Ainda na mesma matéria, a imagem do filme *A Paixão de Cristo* (*The Passion of the Christ*, Mel Gibson, 2004) é descrita com a seguinte legenda: "A Paixão de Cristo: lançado com perto de 400 cópias, o filme americano fez 7 milhões de espectadores no Brasil. E vá explicar aos cristãos que eles estão pecando contra o cinema nacional". A legenda faz alusão à taxação nas salas de exibição de acordo com o número de cópias de cada filme e reflete a posição neoliberal da revista, contrária a intervenção proposta pelo anteprojeto.

A matéria também divulgou uma tabela explicando para os leitores algumas propostas do anteprojeto, aqui reproduzida na Tabela 3:

---

1 UM DESASTRE de lei. *Veja*, São Paulo, nº 1875, 13 abr. 2004. Disponível em: < http://veja.abril.com.br/131004/p_120.html>. Acesso em: 15 maio 2014.

Tabela 3 – Análise das medidas do anteprojeto pela Revista *Veja*

O que diz a Lei	A armadilha	A inspiração
Artigo 29 – A Ancinav deve garantir o tratamento confidencial das informações técnicas, operacionais, econômico-financeiras e contábeis que solicitar aos exploradores de atividades cinematográficas e audiovisuais.	Esse artigo abre uma brecha para a quebra de sigilo de todas as informações de caráter estratégico e financeiro de uma empresa.	O controle dos meios de comunicação foi um pressuposto prático de todos os regimes socialistas e comunistas que vigoraram no sécuo XX, e também dos regimes autoritários de direita, como o da Alemanha nazista e da Itália fascista.
Artigo 42 – (...) A Ancinav poderá estabelecer restrições, limites ou condições à exploração de atividades cinematográficas e audiovisuais por prestadoras de serviços de telecomunicações e suas coligadas, controladas ou controladoras.	Amparada nessa regra, a agência poderia limitar o número de filmes ou programas de televisão que determinada produtora pode lançar, ou ainda decidir que não cabe a uma rede de televisão produzir também cinema, e excluí-la dessa atividade.	

Entre os artigos 60 e 71, a nova lei estabelece que a Ancinav receberá uma parcela de todos os lucros obtidos pelas empresas cinematográficas e audiovisuais privadas. A fatia destinada à agência será de 10% do valor de cada ingresso de cinema vendido, de 9% de cada vídeo ou DVD alugado ou vendido e de 4% de cada inserção publicitária comercializada.	Como as novas alíquotas mordem a margem de lucro das empresas – em alguns casos, devorando-a toda –, os especialistas do mercado preveem que os preços vão ter de subir para compensar as perdas. O repasse, como sempre, vai ficar com o consumidor. Os problemas não param aí. Como as empresas maiores costumam ter lucros mais expressivos, a lei vai prejudicar mesmo é os "nanicos". O que, aliás, só consolidaria ainda mais a hegemonia da produção de Hollywood no Brasil.	Um dos ideólogos do fascismo, o italiano Giovanni Gentile cunhou uma frase histórica para definir as diretrizes do regime de Benito Mussolini: "Tudo para o Estado, nada contra o Estado, ninguém fora do Estado" – inteiramente aplicável ao disposto nesses artigos. Além disso, essas regras se pretendem inspiradas no modelo protecionista da França, que há tempos se engajou em forte campanha para fortalecer seu cinema. Entretanto, o resultado que os franceses demoraram quase uma década para conquistar – de cerca de um quarto dos ingressos vendidos para filmes nacionais –, o Brasil atingiu no ano passado, com investimentos menos agressivos e em prazo bem mais curto.
No anexo III do artigo 64, que estabelece as cotasd e contribuição das distribuidoras de cinema, prevê-se que filmes lançados com 101 a 200 cópias pagam 150 000 reais à Ancinav. Se o número de cópias for maior que 200, esse valor quadruplica, saltando para 600 000 reais.	O alvo dessa regra são as majors, como são chamadas as grandes distribuidoras de origem americana, e elas costumam lançar. Mas as filiais brasileiras das majors dificilmente terão cacife, ou disposição, para pagar quatro vezes mais por um lançamento mais amplo. Com menos cópias em circulação, os lançamentos, grandes ou pequenos, tenderão a se concentrar no eixo Rio-São Paulo, de onde vem cerca de metade do lucro dessas empresas.	

Fonte: UM DESASTRE de lei. *Veja*, São Paulo, nº 1875, 13 abr. 2004. Disponível em: < http://veja.abril.com.br/131004/p_120.html>. Acesso em: 15 maio 2014.

Nesta tabela fica clara a intenção da revista em desqualificar o anteprojeto. Nota-se que não há nenhuma coluna que indique os objetivos de cada artigo, ou com que intenções eles foram propostos. Há somente interpretações que focam nos resultados negativos que as medidas poderiam ocasionar e um grande esforço em relacionar o anteprojeto com regimes totalitários.

Os ataques veiculados pela mídia constantemente visam alertar sobre a ameaça que a sociedade sofria com o anteprojeto, o perigo de sua aprovação, criando um cenário de medo e insegurança, contribuindo para o posicionamento contrário ao anteprojeto.

O ataque ao anteprojeto por parte da mídia começou antes mesmo de sua discussão no âmbito do Conselho Superior de Cinema, pois o documento vazou pelo site "PayTv", site especializado em televisão. As primeiras informações que a população teve sobre o anteprojeto foram negativas, antes mesmo de conhecer suas propostas, o que contribuiu para a formação de um clima impróprio para o debate.

A divulgação pela internet antes da divulgação oficial do anteprojeto também foi explorada como um ponto negativo. Os setores de oposição davam a entender que o anteprojeto estaria sendo elaborado em segredo, como parte de uma conspiração do governo, no entanto a proposta estava em elaboração há 14 meses e agentes do meio audiovisual foram consultados, segundo Gilberto Gil:

> Este projeto é da sociedade. Quando começamos a fazer, os cineastas foram consultados, os produtores foram consultados, as televisões foram consultadas, eu pessoalmente me reuni com empresários da televisão e da telefonia. Está sendo construído a diversas mãos. Mas há setores que fazem um pouco

de jogo de cena. Cada setor quer a regulação para o outro e não para si próprio.²

O ministério da Cultura reconhece o ataque organizado pela mídia e reclama da falta de espaço para divulgar o anteprojeto.

> O projeto não veio à tona por seu teor, mas por sua crítica. Vi poucas críticas consistentes, baseadas em leituras atentas do anteprojeto, em conhecimento rigoroso e abrangente da questão. Em vez disso, há a estigmatização. Tenho visto um festival de adjetivos, generalizações, visões apriorísticas e opiniões construídas a partir de outras críticas, e não do fato que se critica.(...) Até hoje, os veículos que atacaram ou publicaram ataques ao anteprojeto simplesmente não concederam ao Ministério da Cultura a oportunidade de apresentá-lo, inclusive para que ele seja criticado pelo que efetivamente é, e não por aquilo que os colunistas e editorialistas acham, ou preferem achar, que ele seja.³

Segundo Simone Caldas Fernandes da Silveira,⁴ que fez um trabalho de conclusão de curso sobre a reação da mídia ao anteprojeto da Ancinav, no período de agosto a setembro de 2004 as menções ao ante-

---

2   ZANATTA, Carlos Eduardo; POSSEBON, Samuel. "O projeto é da sociedade". *Tela Viva*, São Paulo, nº 13, vol. 142, set. 2004, p. 17.

3   GIL, Gilberto. "Aula Magna na USP – Universidade de São Paulo". In: ALMEIDA, Armando; ALBERNAZ, Maria Beatriz; SIQUEIRA, Mauricio (org.). *Cultura pela palavra*. Rio de Janeiro: Versal, 2013, p. 299.

4   SILVEIRA, Simone Caldas F. da. *A reação da mídia ao projeto Ancinav*. Trabalho de conclusão do Curso (Aperfeiçoamento em Mídia e Política) – Universidade de Brasília, Brasília, jul. 2005.

projeto da Ancinav na mídia impressa foram relacionadas com o termo "stalinista" 109 vezes, "autoritário" 346 vezes, "dirigista" 70 vezes, "fascista" 39 e "chavista" 12 vezes. Essas ocorrências demonstram o intenso ataque da imprensa ao anteprojeto.

Frente de oposição ao anteprojeto que merece destaque, e que liderou grande parte dos ataques veiculados na mídia, são as Organizações Globo. O modo de produção da Rede Globo é verticalizado, ou seja, a emissora é responsável pela produção de conteúdo, distribuição, exibição e venda para o exterior, existindo pouco espaço destinado à produção nacional independente. Este modelo gera um bloqueio para a produção audiovisual nacional, pois a emissora seria um importante mercado consumidor de obras audiovisuais e uma excelente via de escoamento da produção, devido à sua alta audiência que garantiria visibilidade às obras.

Levando em conta esta conjuntura, o MinC propôs com o anteprojeto da Ancinav a reserva de espaço para a programação independente e regional na grade de programação da televisão. Esta medida causaria mudanças diretas no modelo de trabalho da Rede Globo, acostumada a não dialogar com o cinema para além da Globo Filmes e a basear sua programação em produções próprias ligadas à lógica da publicidade, que prioriza produções com apelo de público com potencial de atingir altos pontos de audiência, atraindo anunciantes e vendendo seu tempo/audiência para se rentabilizar.

A proposta de criação da Ancinav foi muito atacada pelas Organizações Globo, que têm interesses que vão de encontro às propostas do anteprojeto. Uma de suas ações foi investir em propagandas transmitidas em seus próprios canais afirmando para os espectadores que o governo estaria tentando controlar o que eles assistiam. Em tom acusatório, a mensagem transmitia medo e incerteza, gerando uma indisposição da população em relação à proposta.

Além de usufruir da televisão para veicular propaganda negativa ao anteprojeto, a Globo também contou com a mídia impressa, como o jornal *O Globo*, que na cobertura dos eventos relacionados à discussão do documento deu destaque aos posicionamentos contrários e publicou opiniões radicais e acusatórias. Como é o exemplo da reportagem "Artistas e intelectuais criticam ação da ANCINAV", que relata as opiniões dos participantes do Fórum de Audiovisual e Cinema (FAC). A matéria deu voz aos artistas contrários às propostas como se eles representassem a totalidade do meio cinematográfico e o anteprojeto fosse uma imposição do governo, o que não é verdade, pois o projeto atende a uma reivindicação do próprio setor cinematográfico. É evidente que neste meio há uma divisão entre os que são favoráveis e os que se opõe à proposta, a questão é como esses lados foram expostos pela grande mídia.

Também foram publicadas colunas de opinião em que o ataque à proposta é mais explícito, como a coluna de Arnaldo Jabor no jornal *O Globo*, que diz:

> Esse surto de leninismo que incendiou a alma simples dos petistas ultimamente, esse ataque recente à "democracia burguesa" que o governo de Lula lançou contra a sociedade, a fome dos "soviéticos" de Gil, embuçados e severos contra o cinema e a TV.[5]

Neste caso, a crítica ao anteprojeto confunde-se com o ataque ao partido político e ao governo de Lula, resultando mais em uma provocação política do que em uma crítica às propostas presentes no anteprojeto da Ancinav. Vale destacar que Arnaldo Jabor é cineasta e um importante comentarista no contexto do jornalismo da Rede Globo, o que faz com que sua opinião tenha poder de influenciar muitas pessoas.

Outro exemplo do amplo ataque conduzido pela mídia impressa das Organizações Globo é a coluna de Miriam Leitão no jornal *O Globo*.

---

5   JABOR, Arnaldo. "Ai, que saudades do comunismo!" *O Estado de S. Paulo*, São Paulo, 17 ago. 2004.

Publicada em 7 de agosto de 2004, a coluna desconstrói o anteprojeto apontando todas suas propostas como autoritárias e dirigistas. O texto já começa com o tom acusatório "No projeto para a criação da Ancinav, agência que controlará cinema, televisão, TV paga, rádio e outras empresas que atuam em audiovisual, o governo nem disfarça sua inclinação autoritária". E após duras críticas, conclui:

> Tudo no projeto lembra uma outra época, um outro mundo, cujos muros já desabaram há 15 anos, um mundo em que o poder central planificador decidia, julgava, condenava, organizava e administrava por obscuros e subjetivos conceitos, e transformava os produtores culturais em peças da máquina de propaganda estatal. O governo recolheu o texto e diz que vai refazê-lo. O melhor destino para este texto é o lixo.[6]

Nesta coluna o anteprojeto é relacionado com o comunismo e o autoritarismo, suas propostas, sua trajetória e até mesmo seus proponentes são desconsiderados, a matéria visa apenas desqualificá-lo.

Os itens que poderiam motivar os ataques quanto ao autoritarismo e o dirigismo foram os artigos 8º: "a liberdade será a regra, constituindo exceções as proibições, restrições e interferências do Poder Público",[7] bem como o inciso I do artigo 43 que se referia "a responsabilidade editorial e as atividades de seleção e direção das programações". Ambas as formulações davam espaço a interpretações ambíguas e foram retiradas do projeto em sua segunda versão, eliminando assim qualquer

---

6   LEITÃO, Miriam. "Adeus, Lênin". *O Globo*, Rio de Janeiro, 07 ago. 2004.

7   BRASIL. *Minuta do Projeto de Lei que dispõe sobre a organização de Atividades Audiovisuais, sobre o Conselho Superior do Audiovisual, a Agência Nacional do Audiovisual e dá outras providências*. 1ª ed. 2004, p. 3.

possibilidade de vincular a proposta à censura e ao comunismo soviético, como foi tantas vezes apontado pela imprensa. O próprio ministro esclarece a intenção da regulação: "Mas não se trata de regular a liberdade de expressão. É regular os meios através dos quais circula o resultado desta liberdade. Até para garantir que todos tenham esta liberdade".[8]

Entretanto as acusações continuaram, e um dos reais motivos que impulsionou os protestos da Rede Globo foi a oposição a qualquer forma de reserva de espaço para a programação independente na programação das emissoras de televisão. O objetivo do anteprojeto seria quebrar a produção verticalizada das emissoras e abrir espaço para novos conteúdos produzidos por outras empresas, diminuindo o monopólio e incentivando a produção nacional. Caberia a cada emissora escolher a programação que julgasse pertinente, a lei apenas estipularia a cota mínima de produção independente e regional a ser exibida na emissora aberta. Já na TV por assinatura seria estabelecido um percentual mínimo em cada um dos pacotes de canais de programação oferecidos, que seria estipulado de acordo com volume total de programação.

No entanto, este item foi divulgado de maneira distorcida, induzindo a interpretação de que a nova agência pretendia controlar o conteúdo da programação exibida, instalando a censura na mídia, mesmo que já tenha ficado explícito no Art. 2º que a intenção não era esta: "A manifestação do pensamento, a criação, a expressão e a informação, não sofrerão qualquer restrição ou censura de natureza política, ideológica e artística".

O objetivo estratégico do anteprojeto fica claro no Artigo 5°:

> Art. 5º Na regulação das relações econômicas das atividades audiovisuais observar-se-ão, em especial, os princípios constitucionais da soberania nacional, da diversidade e da preservação do patrimônio cul-

---

8 ZANATTA, Carlos Eduardo; POSSEBON, Samuel. Op cit., p. 14 – 21.

tural brasileiro, da função social da propriedade, da vedação ao monopólio e ao oligopólio dos meios de comunicação social, da liberdade de iniciativa, da livre concorrência, da defesa do consumidor, da redução das desigualdades regionais e sociais e da repressão ao abuso do poder econômico.[9]

Ou seja, pretendia-se diminuir o oligopólio e abrir espaço para outros conteúdos audiovisuais, desconcentrando a produção do eixo Rio de Janeiro – São Paulo, o que afetaria diretamente a Rede Globo.

Este grande conglomerado de mídia, que tem amplo poder de formação de opinião junto à maioria da população do país, devido à sua grande audiência, também conta com elevado poder econômico. As Organizações Globo atuam em diferentes mercados além do televisivo, como rádio, mídia impressa, indústria fonográfica e cinema, criando sinergias e otimizando seu capital, consolidando-se assim como uma empresa de alto poder econômico e alcance popular.

O poder político da TV Globo inicia-se com seu desenvolvimento ligado ao governo durante a ditadura militar. Neste período, a relação entre televisão e Estado foi ampliada, fase intitulada por Sérgio Mattos de "populista" da televisão, que vai de 1964 a 1975. É quando o Estado passou a investir na criação de órgãos de comunicação, como o ministério das Comunicações e o Conselho Nacional de Comunicação, além de leis e decretos que contribuíram para o desenvolvimento técnico necessário para a consolidação de uma rede de telecomunicação nacional, tendo como objetivo promover as ideias do regime militar através dela.

---

9   BRASIL. *Minuta do Projeto de Lei que dispõe sobre a organização de Atividades Audiovisuais, sobre o Conselho Superior do Audiovisual, a Agência Nacional do Audiovisual e dá outras providências*. 3ª ed. 2004, p. 3.

Neste período, o Estado investe na criação da infraestrutura necessária para o desenvolvimento da televisão, com o objetivo de que ela atinja grande parte da população nacional.

> Os militares brasileiros priorizaram alguns setores estratégicos da economia, investindo em infra-estrutura para o desenvolvimento industrial acelerado e fortemente controlado. As telecomunicações estavam entre esses setores estratégicos e foram privilegiadas. Durante os primeiros períodos militares, entre 1965 e 1972, foram criados a Embratel, o Ministério das Comunicações e o Sistema Telebrás, possibilitando a implantação de uma sofisticada infra-estrutura de telecomunicações que ligaria os quatro cantos do país, inicialmente por uma rede de micro-ondas, complementada depois por satélites nacionais e, mais tarde, também por extensas ligações físicas por fibras ópticas. Esses investimentos do Sistema Telebrás favoreciam, no campo da comunicação de massa, a formação de redes de televisão nacionais.[10]

A televisão passou a desempenhar outra função a partir da ditadura militar. A Escola Superior de Guerra (ESG) via como estratégico o controle sobre a televisão como meio de integração nacional "A ESG, e por consequência o novo governo, via principalmente na TV uma

---

10 SANTOS, Suzy dos; CAPPARELLI, Sérgio. "Coronelismo, radiodifusão e voto: a nova face de um conceito". In: BRITTOS, Valério Cruz; BOLAÑO, César Ricardo Siqueira (orgs.). *Rede Globo: 40 anos de hegemonia e poder*. São Paulo: Paulus, 2005, p. 79.

maneira de divulgação ideológica e de manutenção do poder do atual regime.".[11]

Neste contexto, a Rede Globo proporcionava a integração do país, levando a propaganda governamental a todos os brasileiros. Compartilhava da mesma ideologia do governo, defendendo o nacionalismo e a modernização conservadora, funcionando também como um exemplo de sucesso dos padrões defendidos por este regime.[12]

Um marco da parceria entre a Rede Globo e a ditadura é estreia do Jornal Nacional em 1969, primeiro programa que utiliza a infraestrutura da Rede Nacional de Telecomunicações inaugurada em 1967 pelo governo militar. A instalação desta estrutura possibilitou a consolidação do programa e a legitimação da ditadura, pois através dele foi difundido o ideal de integração nacional, a propaganda governamental e o falso clima de euforia do país. "Até certo ponto, podemos dizer então, que o Jornal Nacional é produto da articulação entre os interesses da elite política e econômica e os interesses políticos e econômicos dos militares".[13]

A colaboração da Rede Globo com a ditadura militar auxiliou que esta se sustentasse no poder, e em troca a emissora teve seus interesses atendidos. O governo investiu na construção de infraestrutura que possibilitasse a disseminação da televisão no país, como a criação da Empresa Brasileira de Telecomunicações (Embratel) em 1965, responsável por modernizar as telecomunicações e instalar a conexão via satélite. Para garantir que a programação chegasse ao público, foi elaborada uma política de estímulo a crédito para compra de aparelhos televisivos, pro-

---

11 KUROKI ITO, Carlos. *Regulamentação da TV no Brasil: interesses da sociedade e aberturas participativas*. Dissertação (Mestrado) – Faculdade Cásper Líbero, São Paulo, 2009, p. 17.

12 SANTOS, Suzy dos; CAPPARELLI, Sérgio. *Op. cit.*, p. 79.

13 GOMES, Itania Maria Mota. "O Jornal Nacional e as estratégias de sobrevivência econômica e política da Globo no contexto da ditadura militar". *Revista Famecos*, nº 2, vol. 17, 2010, p. 7.

porcionando o aumento da atuação da Rede Globo. O governo também foi responsável por altos investimentos publicitários na emissora, o que auxiliou na sua capitalização, e por "fornecer apoio político para aprovação da legislação de seu interesse".[14]

Esta intensa ligação entre a emissora e o governo militar em seu período de consolidação originou uma relação de poder com o governo que perdura até os dias de hoje, sendo capaz de influenciar tanto o Congresso Nacional como o Executivo. Um exemplo de seu poder no Congresso é o caso da mudança da legislação que passou[15] a permitir a entrada de capital estrangeiro nos serviços de radiodifusão. A empresa que sempre se posicionou contrária à participação deste tipo de capital se endividou, e em 2002 viu como uma solução possível o acesso a este tipo de recurso financeiro. Gozando de influência no campo político e exercendo o lobby, a emenda[16] foi aprovada no dia 20 de dezembro de 2002, alterando a legislação e permitindo a participação de capital estrangeiro nas empresas jornalísticas e de radiodifusão sonora e de sons e imagens. Com o acesso a este capital, as Organizações Globo conseguiram superar seu endividamento.

O uso de sua influência política é uma grande arma da Organização, como aponta Pedro Butcher: "Maior parte da movimentação da Globo se dá na área do *lobby* político, no sentido de retardar as implantações de

---

14   GOMES, Itania Maria Mota. *Op. cit.*, p. 8.

15   RAMOS, Murilo César. "A força de um aparelho privado de hegemonia". In: BRITTOS, Valério Cruz; BOLAÑO, César Ricardo Siqueira (orgs.). *Rede Globo: 40 anos de hegemonia e poder*. São Paulo: Paulus, 2005, p. 71.

16   Emenda 36/2002 que alterou o artigo 222 da Constituição Federal, cuja redação passou a definir que empresas jornalísticas e de radiodifusão tenham pelo menos 70 do capital total nacional, podendo até 30% do capital total ser de origem estrangeira.

regulação ou mesmo de novas tecnologias que possam ameaçar esse seu formato altamente influente."[17]

O medo de perder o domínio da produção audiovisual nacional e ter que repensar seu modelo de negócio, pois em seus moldes atuais a empresa necessita da manutenção da hegemonia da produção para dominar o mercado publicitário e dar continuidade às suas atividades, foi um dos motivos que suscitou o ataque ao anteprojeto, disfarçado em acusações de autoritarismo e censura. Outro motivo é referente às taxações que foram propostas, a emissora deveria pagar Condecine pela exploração comercial de obras audiovisuais, o que obviamente não a agradou.

Mais um motivo de destaque para esses ataques foi a possibilidade de regulação da televisão. Durante todo o período da implantação da televisão no Brasil e da consolidação da Rede Globo nunca houve uma regulação efetiva deste setor. Com o advento em 1950 da televisão brasileira, foi adotado o modelo norte-americano de exploração *trusteeship model*. Este modelo permite que as emissoras de televisão utilizem o espectro magnético, que é um bem público, por meio de uma concessão para exploração privada. Ou seja, o Estado deu preferência para a exploração da atividade privada comercial.[18] Assim, o Estado passou uma atividade pública para ser exercida pela iniciativa privada em um modelo liberal e sem regulação.

Só em 1962 foi criado o Código Brasileiro de Telecomunicação (CBT), pois até então a atividade era exercida sem legislação específica, seguindo os modelos institucionais estabelecidos na década de 20 para a radiodifusão.[19] O código estabeleceu o modelo comercial privado base-

---

17 BUTCHER, Pedro. *A dona da história: Origens da Globo Filmes e seu impacto no audiovisual brasileiro*. Dissertação (Mestrado) – Universidade Federal do Rio de Janeiro (UFRJ), Rio de Janeiro, 2006, p. 57.

18 LIMA, Venício Artur de. *Regulação das comunicações: história, poder e direitos*. São Paulo: Paulus, 2011, p. 28.

19 KUROKI ITO, Carlos. *Op. cit.*, p. 23.

ado em concessões públicas e passou a regular a atividade de telecomunicação. No entanto, os dispositivos que seriam fundamentais para um novo modelo de regulação nunca se concretizaram. Como os que Bolaño aponta: proibição do monopólio e oligopólio, preservação de finalidades educativas e culturais, proteção à cultura regional e estímulo à produção independente, o que faz com que ele afirme "A falta dessa regulamentação acaba preservando, na prática, o velho modelo".[20]

Fica claro o grande poder político que os grupos privados de comunicação detêm devido às legislações falhas, ou a falta de interesse por parte dos diferentes governos de estabelecer uma regulamentação efetiva para o setor. Pois, as legislações criadas não combatem o monopólio e oligopólio, não se preocupam em estimular a produção independente e regional e nem em democratizar os meios de comunicação.

O código, atualmente ultrapassado e ineficiente, é ainda a legislação vigente para o setor de radiodifusão, que segue praticamente sem regulamentação.

Esta regulamentação fraca permitiu que a emissora concentrasse poder político e econômico, e a possibilidade de que isto se alterasse, como era proposto pelo anteprojeto, fez com que a Rede Globo saísse na defesa de seus interesses, valendo-se de ataques infundados que causaram polêmica e prejudicaram o debate em torno das efetivas propostas do anteprojeto.

O que foi proposto no anteprojeto era a criação de regras que democratizassem o espaço público, pois mesmo que a exploração seja privada o espaço ainda é público, a emissora apenas tem o direito de explorá-lo, sobre determinadas regras que garantam os direitos da sociedade. E a regulação na área audiovisual não deve ser confundida com dirigismo, pois é uma obrigação do governo propiciar um ambiente democrático para difusão de conteúdos, garantindo a liberdade de expres-

---

20 BOLAÑO, César Ricardo Siqueira. *Qual a lógica das políticas de comunicação no Brasil?* São Paulo: Paulus, 2007, p. 21.

são e combatendo o monopólio, pré-requisito para o desenvolvimento do mercado. A aparente incapacidade do Estado regular o setor de radiodifusão gera a piada no meio: no Brasil, a televisão é concessão do Estado ou o Estado é uma concessão da televisão?

Com seus ataques veiculados pela mídia, a emissora foi responsável por gerar um clima de indisposição em relação à proposta, devido ao grande público que atinge e influência. Acusando a proposta de autoritária e não medindo palavras ao relacioná-la com a censura, as Organizações Globo contribuíram para o revés do anteprojeto da Ancinav.

A necessidade de regulação do setor audiovisual e proteção às produções nacionais foi uma demanda identificada pela própria televisão. Em 12 de fevereiro de 2004 foi realizado o "Conteúdo Brasil – Seminário de Valorização da Produção Cultural Brasileira", uma iniciativa da Rede Globo em parceria com a Pontifícia Universidade Católica de São Paulo (PUC-SP).

A proposta do Seminário era defender a proteção à cultura nacional, devido à ameaça da globalização e da concorrência de produtos estrangeiros. No entanto, esta chamada pela defesa do conteúdo nacional não envolvia discussão sobre regionalização ou produção independente, se tratava de defender a produção realizada pela própria emissora. A preocupação da emissora era com os serviços de telecomunicações e Internet que passaram a explorar conteúdo audiovisual e não tinham marcos regulatórios, nem definição do limite para participação do capital estrangeiro.

O Seminário foi dividido em cinco grupos de trabalho com os seguintes temas: "O Impacto da Produção Estrangeira no Mercado Cultural e na Cultura Brasileira"; "As Diversas Formas de Expressão Cultural e sua Interdependência"; "Papel e Limites do Capital Estrangeiro na Produção Cultural Brasileira"; "O Impacto das Novas Tecnologias e a Regulação da

Comunicação Social e da Cultura" e "A Questão da Qualidade na Mídia e na Cultura".[21]

Participaram do evento cerca de 70 pessoas, entre profissionais e artistas. Entre os participantes destacam-se os artistas da Rede Globo, como Antônio Fagundes, Regina Duarte, Marieta Severo, Marco Nanini. Também participaram os diretores Guel Arraes, Luiz Carlos Barreto e Hector Babenco, a dramaturga Maria Adelaide Amaral e Jorge da Cunha Lima, jornalista e presidente da Fundação Padre Anchieta. O escritor e dramaturgo Ariano Suassuna abriu o evento com uma palestra na qual defendeu a cultura nacional e criticou o consumo de produtos norte-americanos, em um discurso radical na qual rejeitava a presença do produto estrangeiro.

O documento final foi entregue ao Presidente Lula no dia 6 de julho de 2004 por artistas, entre eles Tony Ramos, Regina Casé, Cláudio Manoel, Cacá Diegues, Luiz Carlos Barreto e Jayme Monjardim.[22] O documento continha treze sugestões para que o Estado defendesse a produção brasileira da concorrência estrangeira.

A realização do Seminário mostra o interesse da televisão na proteção do conteúdo nacional através da definição de um marco regulatório para os serviços de telecomunicações e Internet que explorem conteúdos audiovisuais. A emissora reconhece a importância da atualização da legislação do setor, o que estava proposto no anteprojeto de criação da Ancinav, no entanto se posicionou contrariamente ao projeto por este apresentar medidas que também pretendiam atualizar a legislação dos serviços de radiodifusão. Ou seja, a emissora defendia a regulação

---

21 SEMINÁRIO examina relação da produção cultural com estrangeiro. *Folha de S. Paulo*, São Paulo, 12 fev. 2004. Disponível em <http://www1.folha.uol.com.br/folha/ilustrada/ult90u41414.shtml>. Acesso em 07 jun. 2014.

22 RANGEL, Rodrigo. "Lula promete ajudar a valorizar cultura nacional". *O Globo*, Rio de Janeiro, 7 jul. 2004. Disponível em <http://www.intercom.org.br/papers/nacionais/2007/resumos/R1059-2.pdf>. Acesso em: 07 jun. 2014.

para os serviços de telecomunicações, mas era contra a regulação para si mesma.

Divisões no meio cinematográfico

A discussão em torno do anteprojeto da Ancinav também dividiu opiniões no próprio meio cinematográfico. Cineastas e produtores se posicionaram de acordo com seus interesses que estavam em jogo na discussão. Foi possível identificar dois grupos principais, os favoráveis, mesmo que com ressalvas, e os contrários ao anteprojeto.

Do lado favorável tem-se o próprio ministério da Cultura, com o secretário do Audiovisual Orlando Senna, o secretário executivo Juca Ferreira, o coordenador da assessoria Sérgio Sá Leitão e o ministro da Cultura Gilberto Gil. Também eram favoráveis organismos como o Congresso Brasileiro de Cinema (CBC), cineastas e produtores independentes, como Toni Venturi, Nelson Pereira dos Santos, Eduardo Escorel, Tata Amaral e Carlos Reichembach. O CBC fez uma declaração pública de apoio ao anteprojeto da Ancinav, o documento contou com a assinatura de 344 pessoas e de 55 instituições e entidades.

Este grupo era constituído em grande parte por membros do governo e produtores independentes que viam no anteprojeto a oportunidade de regulamentação do setor audiovisual, possibilidade de acesso aos recursos que são aplicados no fomento de produções, espaço de exibição na televisão e valorização das produções independentes.

Do lado contrário tem-se o cineasta Cacá Diegues que fez duras críticas ao anteprojeto. A taxação sobre a exploração de obras cinematográficas nas salas de exibição que aumentava de acordo com o número de cópias, ou seja, filmes com grande potencial comercial que estreavam simultaneamente em várias salas seriam taxados em maior porcentagem

foi acusada de "desrespeito ao povo e a suas escolhas",[23] porém é uma declaração que não leva em conta que a dominação de *blockbusters* americanos nas salas de cinema limita muito mais a escolha do público.

Diegues segue defendendo que o cinema vivia um bom momento e esta intervenção proposta não seria necessária: "De 2002 para 2003, a ocupação de nosso mercado pelos filmes brasileiros cresceu mais de 200%. No ano passado, foram lançados cerca de 35 filmes nacionais, para este ano se espera o lançamento de uns 50."[24] e afirma que esses bons resultados são frutos da parceria com a televisão em um modelo que está dando certo.

Aqui também cabe uma explicação quanto a essas afirmações. Primeiramente, a referência ao sucesso do cinema nacional em 2003 se tratava de uma "falsa euforia", como aponta Marcelo Ikeda:

> De fato, após a euforia de 2003, os anos seguintes mostraram que se tratava de uma exceção, e não de uma tendência constante de aumento de participação de mercado. Apesar dos avanços obtidos com a articulação desses dois fatores, faltava uma política de fato de ocupação do mercado interno, com a articulação dos elos da cadeia produtiva e de incentivo à ocupação dos diversos segmentos de mercado.[25]

Os dois fatores mencionados por Ikeda são: 1) as mudanças no Artigo 3º da Lei do Audiovisual, que passou a cobrar uma taxa extra no imposto de renda das distribuidoras de filmes estrangeiros caso estas não

---

23 DIEGUES, Cacá. "Um desastre conceitual e técnico". *O Globo*, Rio de Janeiro, 06 ago. 2004.

24 *Idem*.

25 IKEDA, Marcelo. *O modelo das leis de incentivo fiscal e as políticas públicas cinematográficas a partir da década de noventa*. Dissertação (Mestrado) – Universidade Federal Fluminense (UFF), Rio de Janeiro, 2011, p. 75.

optassem pela coprodução com o cinema brasileiro, acarretando o aumentou do número de coproduções com estas distribuidoras, especialmente *as majors*; 2) a atuação da Globo Filmes, que é justamente a parceria com a televisão mencionada por Cacá Diegues. Contudo, a Globo Filmes tem um modo próprio de coprodução onde a forma de seu apoio pode variar de acordo com a percentagem de participação que ela detém no contrato, e para realizar as parcerias se utiliza de sua já consolidada estrutura televisiva, como explica Pedro Butcher:

> Ao se associar a um projeto, a Globo Filmes não desembolsa recursos próprios para financiar a produção, preferindo oferecer espaço em mídia no momento do lançamento. O capital oferecido, portanto, não é dinheiro, mas um "capital virtual" que só se concretiza no momento da distribuição. (...) O importante é a certeza de que o filme contará com a estrutura nacional da emissora para sua promoção tanto nos formatos tradicionais (anúncios e *spots* de TV) como na chamada *cross media* (citação e promoção nos programas). Este segundo item – que analisaremos detalhadamente adiante – é ainda mais decisivo por permitir que, segundo a orientação da emissora, os filmes sejam citados nas novelas e em programas de variedades (*Domingão do Faustão, Videoshow*), ou mesmo se tornem pauta de reportagens e entrevistas nos programas jornalísticos.[26]

É inegável a importância da Globo Filmes para o desenvolvimento industrial do cinema nacional. A partir de suas coproduções, os filmes nacionais conquistaram público e renda, e foram produzidos grandes su-

---

26 BUTCHER, Pedro. *Op. cit.*, p. 75-76.

cessos nacionais. Lia Bahia aponta a importância estratégica da Globo Filmes para a produção cinematográfica nacional:

> A entrada da Globo no mercado cinematográfico dá nova vitalidade ao cinema nacional, ao atrair público e renda para essas produções e alargar a cadeia produtiva do filme brasileiro. Quando se consegue apoio de uma major e/ou da televisão, o filme pode vir a se tornar uma grande produção nacional. Ele passa a fazer parte de um circuito mais amplo, atingindo maior número de espectadores.[27]

No entanto, a Globo Filmes não deixa de ser um negócio privado que visa atender interesses específicos das Organizações Globo. São escolhidos projetos que se enquadrem no "padrão Globo de qualidade" e que tenham potencial de mercado. Sendo assim, não são todos os filmes que conseguem estabelecer acordos de coprodução.

Por mais que seja importante para o cinema nacional e mostre resultados positivos, a Globo Filmes não representa uma integração efetiva entre cinema e televisão como estava sendo proposto no anteprojeto da Ancinav, pois estas alianças não atendem a interesses políticos estratégicos para o desenvolvimento da indústria cinematográfica brasileira, como a reserva de espaço de tela para conteúdos nacionais, independentes e regionais, e a obrigatoriedade de financiamento destas produções. Também não asseguram valores culturais, como respeito à diversidade e a produção regional.

Os acordos de coprodução são guiados por motivações econômicas e, por mais que sejam bem sucedidos, ainda não se têm uma política

---

27 CESÁRIO, Lia Bahia. *Uma análise do campo cinematográfico brasileiro sob a perspectiva industrial*. Dissertação (Mestrado) – Universidade Federal Fluminense (UFF), Niterói, 2009, p. 158.

institucional que integre o cinema e a televisão nacional, gerando sinergias no setor.

Além da oposição às propostas do anteprojeto, Cacá Diegues o acusa de autoritário, como já havia feito a Rede Globo e parte da mídia impressa.

> Enfim, o projeto vazado é um desastre conceitual e técnico, com 141 artigos e 44 páginas capazes de engessar a atividade cinematográfica por um longo tempo pela frente. (...) Se esse projeto de lei for aprovado, o choque vai ser de autoritarismo, estatização e perda de independência, num retrocesso de mais de 30 anos na história de nosso cinema.[28]

Esta acusação não possui fundamentos, pois as medidas que davam margem à interpretação ambígua foram retiradas do anteprojeto após a consulta pública de dois meses e o setor não podia ser considerado independente, sendo esta opinião questionável como aponta Arthur Autran:

> Parece-me digno de nota o fato de um cineasta, com boa parte de sua trajetória ligada aos diferentes modelos de fomento estatal, criticar uma proposta governamental por ela acabar com a possibilidade de "autosustentação" do cinema brasileiro. Isso demonstra o quanto de retórico há no artigo de Diegues.[29]

---

28 DIEGUES, Cacá. "Um desastre conceitual e técnico". *O Globo*, Rio de Janeiro, 06 ago. 2004.

29 AUTRAN, Arthur. "O pensamento industrial cinematográfico brasileiro: ontem e hoje". In: MELEIRO, Alessandra. (org.). *Cinema e mercado*. 1ª ed. São Paulo: Escrituras, 2010, p. 31.

Com ataques tão veementes contra o anteprojeto, Cacá Diegues parece esquecer que fez parte do Gedic, e que participou da elaboração do projeto de criação da Ancine que previa a inclusão da televisão. O fato de o cineasta ter mudado radicalmente de opinião pode ser devido a sua aproximação com as Organizações Globo a partir da Globo Filmes, que se tornou coprodutora da maior parte de seus filmes, como *Orfeu* (1999), *Deus é brasileiro* (2003), *O maior amor do mundo* (2006) e *5x favela, agora por nós mesmos* (2010).

Outros cineastas que atacaram o anteprojeto foram Roberto Farias e Luiz Carlos Barreto. Estes foram intitulados informalmente de "PIB do cinema nacional", devido ao envolvimento em grandes produções que recebem a maioria dos investimentos feitos na área e suas ligações com distribuidoras estrangeiras e a Rede Globo, que tinham seus interesses em jogo neste debate.

Após o CBC manifestar apoio ao anteprojeto, quatro associações deixaram de fazer parte deste grupo, são elas: associações exibidoras, a Associação Brasileira das Empresas de MULTIPLEX (ABRAPLEX) e a Federação Nacional das Empresas Exibidoras Cinematográficas (FENEEC); associação de produtores: o Sindicato da Indústria Cinematográfica e Audiovisual do Rio de Janeiro (SICAV); e associação do setor de infraestrutura, a Associação Brasileira das Empresas de Infraestrutura (ABEICA). Estas se juntaram a outras associações que também eram contra as propostas do anteprojeto e se reuniram no Fórum do Cinema e Audiovisual (FAC).

O FAC foi lançado dia 22 de novembro de 2004 como uma nova entidade civil sem fins lucrativos, que reúne 17 associações ligadas ao cinema, à publicidade e à TV, de produtores a distribuidores e exibidores. São elas:

    ABAP – Associação Brasileira de Agências de Publicidade
    ABC – Associação Brasileira de Cinematográfica

ABEICA – Associação Brasileira das Empresas de Infra-Estrutura de Cinema e Audiovisual

ABELE – Associação Brasileira das Empresas Locadoras de Equipamentos Cinematográficos

ABERT – Associação Brasileira das Emissoras de Rádio e Televisão

ABPTA – Associação Brasileira de Programadores de Televisão por Assinatura

ABRACINE – Associação Brasileira de Cinemas

ABRADI – Associação Brasileira de Distribuidores Independentes de Audiovisual

ABRAPLEX – Associação Brasileira das Empresas Operadoras de Multiplex

ABTA – Associação Brasileira de Televisão por Assinatura

AESP – Associação das Emissoras de Rádio e TV do Estado de São Paulo

APP – Associação dos Profissionais de Propaganda

FENEEC – Federação Nacional das Empresas Exibidoras Cinematográficas

SICAV – Sindicato da Industria Cinematográfica e Audiovisual

SICESP – Sindicato da Indústria Cinematográfica do Estado de São Paulo

Sindicato das Empresas Distribuidoras Cinematográficas de São Paulo

Sindicato das Empresas Distribuidoras Cinematográficas do Estado do Rio de Janeiro

UBV – União Brasileira de Vídeo

Vale destacar que a composição da ABERT é basicamente a Rede Globo, já que as outras emissoras, Rede Bandeirantes, o SBT e a Rede Record, estão organizadas na ABRA (Associação Brasileira de Radiodifusores) que não faz parte do FAC, mas também se posicionaram contra a proposta, já que esta pretendia regular a televisão.

A criação do FAC reflete a divisão de opiniões do meio audiovisual quanto ao anteprojeto. O porta-voz da associação, Roberto Farias, ao mesmo tempo em que nega que a formação do grupo seja uma resposta à Ancinav, "Esta organização já vinha se desenhando antes mesmo do projeto",[30] também deixa claro que o projeto de lei será a principal frente de batalha da entidade como afirma em matéria veiculada no próprio site do Fórum.

Roberto Farias ambém acrescenta

> Somos a favor de uma ANCINAV, mas não esta que está no MinC. Achamos que o governo deve compreender e estimular o setor, sem regras e punições. Já existem órgãos e leis que fiscalizam bastante a comunicação, como o Ministério da Justiça, a Lei de Imprensa, o Estatuto do Menor etc. [31]

Este tipo de declaração aparece com frequência no discurso do setor que era oposto a criação do anteprojeto. Afirmavam não ser contra a criação da Ancinav, só não concordavam com a proposta de regulação.

Os sujeitos dos discursos, tanto do grupo favorável como o de oposição, saíram na defesa de seus interesses. O grupo defensor, composto majoritariamente por produtores independentes, via no anteprojeto a possibilidade de ter acesso aos recursos de fomento às produções e garantia de espaço de exibição, medidas que impulsionariam suas produções.

No grupo de oposição, os ataques geraram polêmica e foram baseados majoritariamente em interpretações ambíguas. Quanto às distribuidoras de filmes estrangeiros e às emissoras de televisão, a associação na defesa dos próprios interesses é mais evidente, já que se propunha uma intervenção direta em seus modelos de trabalho e/ou o aumento de impostos.

---

30 FÓRUM do cinema e TV é oficializado em São Paulo. *Tela Viva News*. São Paulo, 22 nov. 2004. Disponível em:<http://www.telaviva.com.br/22/11/2004/forum--do-cinema-e-tv-e-oficializado-em-sao-paulo/tl/50294/news.aspx>. Acesso em: 15 ago. 2013.

31 *Idem.*

Já o posicionamento de membros do meio cinematográfico requer uma análise mais cuidadosa, pois a maioria do setor apoiava a proposta e os que eram contra tinham relações de interesse com o grupo dominante e o defenderam. Como Roberto Farias afirma: "Nestes quase 40 anos de Globo, construiu-se no Brasil um poderoso antídoto à hegemonia do cinema americano, antes predominante em todos os canais, e senhor da saúde financeira das emissoras.".[32] Neste discurso ele defende a Rede Globo, sua liderança, qualidade e sua produção nacional, porém esta declaração não leva em conta que o conteúdo nacional que a emissora produz é referente apenas a uma visão, não considerando a pluralidade de produções audiovisuais feitas no Brasil, estas que lutam por um espaço de visibilidade.

Mesmo que os membros que foram contrários ao anteprojeto não representassem a maioria do setor, eram os mais articulados e com maior visibilidade, portanto suas opiniões repercutiram e enfraqueceram a proposta.

Essas divisões de opiniões do setor podem ser analisadas através da discussão no fórum de debates do site CINEMABRAZIL, em que os debates se dão por listas de e-mail e reúnem diversos agentes do meio audiovisual. Um exemplo é a troca de e-mails entre Murilo Salles, Cacá Diegues e Roberto Farias que foi divulgada pelo fórum após o posicionamento da ABRACI (Associação Brasileira de Cineastas), associação que congrega parte dos entes contrários ao anteprojeto.

> Durante anos presenciamos barbaridades desse modelo. Agora existe uma proposta regulamentadora, sim, ôpa, atenção, alguns privilégios vão acabar, mas, tudo que sempre sonhei é escapar das mãos de um diretor de marketing. Se criarmos regras claras, democráticas de acesso aos fundos, discordo de você,

---

32 *Idem.*

> nunca mais vamos ficar nas mãos de governos omissos com cultura, porque VAMOS APROVEITAR ESSE GOVERNO e REGULAMENTAR ESSAS QUESTÕES E APROVÁ-LAS NO CONGRESSO.[33]

E Cácá Diegues responde:

> (...) numa sucessão de mecanismos que terminam no controle absoluto de toda atividade que passa a depender, em primeira e última instância, de três diretores da ANCINAV. Eu também quero me livrar dos diretores de marketing – mas você quer trocá-los pela ditadura de três burocratas, desse ou de qualquer outro governo que venha por aí?[34]

Um ponto que foi questionado no anteprojeto era o acúmulo de poder da agência que poderia resultar em dirigismo estatal. No entanto, o objetivo da proposta era abrir o mercado, que é apontado por muitos produtores como o verdadeiro dirigista, já que impõe determinados tipos de produto ao público que fica sem opção de escolha, como ressalta o cineasta Murilo Salles: "sabemos também que é delicado porque não pode vir por imposição, por decreto, mas 'dirigismo cultural' é o que a indústria de entretenimento americana faz hoje. Precisamos criar regulações pró-isonomia de mercado".[35]

---

33 SALLES, Murilo. *Lista de discussão CINEMABRAZIL*. 12 ago. 2004. Disponível em: <http://www.cinemabrazil.com.br/pipermail/cinemabrasil/2004-August/006362.html>. Acesso em: 13 de mar. 2014.

34 DIEGUES, Cacá. *Lista de discussão CINEMABRAZIL*. 13 ago. 2004. Disponível em: <http://www.cinemabrazil.com.br/pipermail/cinemabrasil/2004-August/006366.html>. Acesso em: 13 de mar. 2014.

35 SALLES, Murilo. Ancinav: unir para democratizar. *Jornal do Brasil*, Rio de Janeiro, 30 ago. 2004.

Os cineastas que visam lançamentos comerciais dependem do artigo 3º da Lei do Audiovisual, sendo quase sempre o mesmo grupo beneficiado.

Alguns cineastas questionam a concorrência que a Globo Filmes oferece na captação de recursos por meio dos artigos 1º e 3º da Lei do Audiovisual. Os filmes associados a ela tem mais chances de captarem recursos, pois as distribuidoras optam por investir em filmes com maior potencial comercial, que possam se rentabilizar a partir de uma estratégia de grande lançamento. Por atenderem esses objetivos, os filme coproduzidos pela Globo Filmes acabam tendo vantagem na escolha das distribuidoras.

Outro questionamento é a ausência de espaço para novos produtores, pois seriam sempre os mesmo profissionais a formarem parcerias com a empresa, formando o grupo "com Globo Filmes" ou "sem Globo Filmes".

Essa problemática foi reconhecida e discutida pelo meio cinematográfico, que também se dividiu em relação a esta questão:

> Resta a questão do Artigo 3º, esse sim um grande problema, que sempre suscitou discussões e discordâncias entre os cineastas, porque existe a "turma que tem acesso ao artigo 3º e a turma que não tem". Pessoalmente, acho que do total do montante de recursos destinados as majors para escolherem em que filmes investir, acho que 50% desses recursos deveriam ser destinados para um fundo da ANCINE/ANCINAV e distribuídos dentro de critérios pré-determinados.[36]

---

36 SALLES, Murilo. *Lista de discussão CINEMABRAZIL*. 12 ago. 2004. Disponível em: <http://www.cinemabrazil.com.br/pipermail/cinemabrasil/2004-August/006362.html>. Acesso em: 13 de mar. 2014.

> Tenho insistido em que é absurdo incentivar as Majors com o famoso artigo 3º, que devolve imposto de renda às distribuidoras de filmes estrangeiros para que invistam no cinema nacional e negar idêntico subsídio às emissoras de televisão, com as devidas salvaguardas para que utilizem tal subsídio em co-produção com cineastas independentes. Mas cineastas de um filme só, ou habituados ao subsídio sem obrigações profissionais têm medo. Não conseguem imaginar a quantidade de trabalho para todos, se o SBT, a Bandeirantes, a Record, enfim, todas as emissoras tiverem o mesmo direito que as Majors Colúmbia, Warner, Metro, Universal etc. de fazerem filmes nacionais. Acham que perderão a autonomia e, portanto, são contra estender tais subsídios às televisões. Mais: preferem um projeto que as obrigue a exibir filmes pouco profissionais em horário nobre.[37]

A discussão também abordou a relação da Globo Filmes com os cineastas, onde o diretor de Operações da Globo Filmes, Carlos Eduardo Rodrigues, discute com o produtor Paulo Boccato:

> O modelo da Globo Filmes já provou ser de sucesso e pode ser seguido por outras tvs, assim como podem ser criados outros modelos de sucesso. Mas não vamos destruir ou criticar o que deu certo.

---

37 FARIAS, Roberto. *Lista de discussão CINEMABRAZIL*. 22 out. 2004. Disponível em: <http://www.cinemabrazil.com.br/pipermail/cinemabrasil/2004-October/006911.html>. Acesso em: 14 de mar. 2014.

> Dizer que o modelo não foi bem sucedido é uma das maiores besteiras que estou ouvindo e lendo (...)[38] O sucesso do modelo da Globo Filmes é incontestável e acho que os filmes que são lançados com essa parceria são absolutamente necessários para a saúde do cinema brasileiro. O que é contestável é que esse modelo acaba se impondo como único. E, deixo isso bem claro, não por culpa da Globo Filmes, que está fazendo bem o trabalho a que se propõe, mas por culpa do modelo de "mercado" que temos no país e que queremos mudar.[39]

Ainda sobre a relação dos cineastas com o mercado, o cineasta Marcos Manhães Marin responde ao posicionamento de Roberto Farias:

> Por parte dos cineastas, o que mais dói é o pouco acesso dos seus filmes à televisão. Querem, portanto, a famosa cota de filmes nacionais na televisão. (...) A Globo é contra a cota e qualquer ingerência à grade de programação. Para seus dirigentes, não se pode abrir a guarda porque logo criarão outras e atrás delas, censuras. Pode ser que esse sentimento seja exagerado, mas é questão de princípio. A

---

38 RODRIGUES, Carlos Eduardo. *Lista de discussão CINEMABRAZIL*. 22 dez. 2004. Disponível em: <http://cinemabrasil.org.br/site02/debate.htm>. Acesso em: 14 de mar. 2014.

39 BOCCATO, Paulo. *Lista de discussão CINEMABRAZIL*. 22 dez. 2004. Disponível em: <http://cinemabrasil.org.br/site02/debate.htm>. Acesso em: 14 de mar. 2014.

Globo está acima de qualquer cota que se pretenda estabelecer.[40]

Dói, mas se nada for feito, só os filmes dos grandes diretores ou dos diretores contratados da Globo, como o Jayme Monjardim, o Jorge Fernando, etc. irão ter espaço garantido. Os outros vão continuar com a dor de ver seus filmes serem produzidos a duras penas (MESMO os que ganham prêmios entre dezenas de outros rejeitados) e depois morrerem nas prateleiras, e AINDA POR CIMA serem taxados pela burrice do TCU de filmes de pouco apelo de mercado. O gargalo é a Exibição, tanto nas salas de cinema e na TV, e não adianta saturar o mercado com filmes de uma única tendência. Tem de haver espaço para a Diversidade. Espaço para filmes prontos fora da TV, e inclusive espaço para os filmes feitos dentro das televisões, e utilizando diretores contratados da TV.[41]

É interessante observar que o grupo defensor do anteprojeto alega que o grupo opositor tem medo de perder os privilégios, já o grupo opositor afirma que os componentes do outro grupo não são profissionais. Outra discordância no debate é referente às acusações em torno do caráter da proposta. Os defensores do anteprojeto afirmam que esta é uma proposta democrática que visa assegurar a expressão dos diversos tipos

---

40 FARIAS, Roberto. *Lista de discussão CINEMABRAZIL*. 22 out. 2004. Disponível em: <http://www.cinemabrazil.com.br/pipermail/cinemabrasil/2004-October/006911.html>. Acesso em: 14 de mar. 2014.

41 MARINS, Marcos Manhães. *Lista de discussão CINEMABRAZIL*. 22 out. 2004. Disponível em: <http://www.cinemabrazil.com.br/pipermail/cinemabrasil/2004-October/006911.html>. Acesso em: 14 de mar. 2014.

de produção audiovisual, enquanto os opositores a acusam de autoritária e controladora da liberdade de expressão.

> A agência, se aprovada, dará mais condições para os pequenos produtores trabalharem. Quem critica a Ancinav faz parte de um cartel que domina os recursos destinados ao setor. Agora, o FAC quer abortar o projeto antes que ele chegue ao Congresso. Isso, sim, é autoritário.[42]
>
> Friso que para mim, CINEMA NACIONAL não é só aquele que é feito por atores brasileiros e falado em português. É preciso se garantir uma DIVERSIDADE, dar oportunidade a uma gama de cineastas também bons como você é, mas que estão de fora. Um Sistema que contemple tanto uns como outros será bem vindo. Espero que o CSC continue tendo o bom senso que está tendo de manter a essência do projeto ANCINAV. Vai dar certo.[43]

Apesar da divisão de opiniões no meio cinematográfico em relação à criação e às atribuições da nova agência, ambos os lados defendiam a participação do Estado no fomento do setor e o aumento de subsídios para a produção.

É válido destacar que a Ancine não aparece nestas discussões. A agência que seria afetada diretamente pela criação da Ancinav não participou da elaboração do novo projeto. Seu então presidente, Gustavo Dahl, ao ser questionado sobre o anteprojeto procurava não se posicio-

---

42 VILLALBA, Patrícia. "Cada grupo aponta um 'golpe'". *O Estado de S. Paulo*, São Paulo, 18 dez. 2004.

43 MARINS, Marcos Manhães. *Lista de discussão CINEMABRAZIL*. 22 out. 2004. Disponível em: <http://www.cinemabrazil.com.br/pipermail/cinemabrasil/2004-October/006917.html>. Acesso em: 15 de mar. 2014.

nar. Em entrevista concedida ao pesquisador Marcus Vinícius Alvarenga já em 2009, Dahl comenta a falta de participação da Ancine:

> Na campanha pela vinculação da Ancine ao MinC, Orlando Senna já num evento de preparação para o novo governo Lula em 2003, disse que a Ancine voltaria ao ponto original do debate, incluindo a televisão, eu achei estranho, pois não me chamaram para conversar, não me perguntavam o que eu achava e também surgia dentro da proposta da Ancinav que esta teria uma outra diretoria, tornando-se uma outra Agência. Ele fez uma campanha explícita, dizendo isso no programa Roda Viva, no jornal *Valor Econômico*, disse que ia tirar a Ancine da inércia, iniciou uma campanha dizendo que eu seria demitido, dizendo que eu era, por enquanto, diretor da Ancine, mas eu estava estruturando, amansando administrativamente a Agência, ela estava com apenas dois diretores e depois nomeou mais dois, o Manoel Rangel e o Nilson Rodrigues.[44]

Quanto às novas funções da agência e a inserção da televisão na política audiovisual, Gustavo Dahl declarou que "Primeiro, é preciso saber qual o nível de intervenção que se quer na área do conteúdo audiovisual brasileiro na televisão. É preciso saber qual será a modificação nos mecanismos de fomento nas estatais que tanto o ministro Gushiken

---

44 DAHL, Gustavo. "Entrevista concedida a Marcus Vinícius Alvarenga". In: ALVARENGA, Marcus Vinícius. *Cineastas e formação da Ancine (1999-2003)*. Dissertação (Mestrado) – Universidade Federal de São Carlos (UFSCar), São Carlos, 2010, p. 139.

como o ministro Gil sinalizaram".[45] Dahl defendia a necessidade de elaborar um plano de ação com objetivos claros antes da criação da agência. Por mais que defendesse a participação da televisão no fomento à atividade cinematográfica, Gustavo Dahl não apoiou publicamente o anteprojeto da Ancinav. Ele defendia a manutenção da Ancine, então com três anos de funcionamento:

> O meu ponto de vista nasce do meu posto de observação e do meu lugar de fala... Acredito que a agência já fez vários progressos... A impressão que se tem é de que ela está no meio da arrumação da casa", afirmou. "É evidente que quando você não completou uma etapa, a idéia de abrir outra etapa passa um sentimento de perturbação do trabalho que está sendo desenvolvido.[46]

E também chamava a atenção para o problema histórico de se criar novos órgãos para o cinema ao invés de fortalecê-los "A revisão do modelo desenhado há quase 3 anos é oportuna, mas ela precisa ser cau-

---

45 DAHL, Gustavo. "Entrevista concedida a Israel do Vale". In: VALE, Israel do. "Gustavo Dahl quer 'intervenção na área de distribuição'". *Cultura e Mercado*, 15 out. 2003. Disponível em <http://www.culturaemercado.com.br/noticias/gustavo-dahl-quer-intervencao-na-area-de-distribuicao/>. Acesso em: 22 maio 2014.

46 MUDANÇA para Ancinav vai demorar, diz diretor. *Portal Terra*. São Paulo, 11 nov. 2003. Cinema. Disponível em: <http://cinema.terra.com.br/noticias/0,,OI209011-EI1176,00-Mudanca+para+Ancinav+vai+demorar+diz+diretor.html>. Acesso em: 15 maio 2014.
GOVERNO encerra parceria PIC-TV. *O Estado de S. Paulo*, São Paulo, 26 abr. 2001. Caderno 2. Disponível em: <http://cultura.estadao.com.br/noticias/cinema,governo--encerra-parceria-pic-tv,20010426p1913>. Acesso em: 10 maio 2014.

telosa porque na atividade cinematográfica há uma sucessão de criação e extinção de instituições".[47]

A ideia de Gustavo Dahl era fortalecer a Ancine e expandir suas ações para outros mercados até chegar na televisão, como explica em entrevista:

> Depois, exprimi minha análise para um crescimento em módulo da agência, a qual a Ancine deve ser fortalecida, e depois ela incorporaria o mercado de vídeo, e depois disso trabalharia o conteúdo brasileiro na televisão por assinatura, e depois, enfrentar-se-ia as questões da televisão aberta. Disse que com a Medida Provisória, ao usar a questão do conteúdo brasileiro já havia uma condição de envolvimento, de interface com a televisão brasileira, havendo titularidade para pedir que a televisão brasileira exibisse o conteúdo brasileiro produzido pelo Estado, mas a visão era considerada gradualista e tímida.[48]

A falta de participação da Ancine na elaboração do anteprojeto e as declarações de Gustavo Dahl demonstram a divisão de opiniões também no meio institucional, sendo o MinC e a Secretaria do Audiovisual defensores do anteprojeto, enquanto a Ancine optou por não se posicionar. Mesmo que não tenha se posicionado contrariamente ao anteprojeto, a falta de apoio em sua defesa e as declarações de seu presidente Gustavo Dahl transparecem a não concordância da Ancine com a criação da Ancinav.

---

47 *Idem.*

48 DAHL, Gustavo. "Entrevista concedida a Marcus Vinícius Alvarenga". In: ALVARENGA, Marcus Vinícius. *Cineastas e formação da Ancine (1999-2003)*. Dissertação (Mestrado) – Universidade Federal de São Carlos (UFSCar), São Carlos, 2010, p. 140.

Esta posição da Ancine reflete a situação do seu então presidente Gustavo Dahl com o novo governo. Mesmo que não esteja nos documentos, é possível levantar a hipótese de que seu grupo político estava sendo enfraquecido em favor de um novo grupo.

Gustavo Dahl fazia parte do grupo ligado ao Cinema Novo, junto com Luiz Calos Barreto, e o governo passou a apoiar um novo grupo ligado ao PT que estava se estruturando, com Orlando Senna, Juca Ferreira, entre outros. Assim, Gustavo Dahl sabia que se a nova agência fosse criada outro presidente seria indicado para administrá-la, muito provavelmente ligado a este novo grupo político.

Um fato que pode demonstrar o enfraquecimento de Gustavo Dahl e seu grupo é a mudança na subordinação dos órgãos criados pela MP 2.228-1/2001 e a nova alteração presente no anteprojeto da Ancinav. Tal fato pode ser visto na Tabela 4:

Tabela 4 – Subordinação dos órgãos públicos

Órgão	Proposta Gustavo Dahl	Governo Lula	Ancinav
Ancine/ Ancinav	MDIC	MinC	MinC
CSC	Casa Civil	MinC	Casa Civil

Fonte: Elaborado pela autora

Estas mudanças podem indicar uma disputa política entre o governo Lula/ Gilberto Gil e Gustavo Dahl, já que foi desmontado o modelo do tripé institucional proposto por este, enfraquecendo sua proposta e seu poder político. No entanto, com o anteprojeto da Ancinav, o CSA voltaria a ser subordinado à Casa Civil, demonstrando a importância desta vinculação proposta por Gustavo Dahl.

No início do governo Lula o MinC se fortaleceu, a Ancine e o CSC passaram a ser subordinados a ele e a Secretaria do Audiovisual (SAV) também teve suas funções aumentadas, o que consequentemente diminuiu o poder da Ancine, logo de Gustavo Dahl.

A partir deste contexto e da situação de Gustavo Dahl junto ao MinC, devido à defesa pela subordinação da Ancine ao MDIC, pode-se levantar a hipótese de que a proposta de criação da Ancinav serviria para tirar Gustavo Dahl da presidência da Ancine, pois com uma nova agência seria nomeado um novo presidente ligado a outro grupo político.

No entanto, não acredito que seja esta a motivação da criação da Ancinav, mas é evidente que havia uma briga de grupos políticos interessados em conduzir a política cinematográfica nacional.

Trajetória do anteprojeto: versões e arquivamento

Neste contexto de ataque da mídia e divisão do meio cinematográfico, o MinC procurou defender o anteprojeto e esclarecer suas propostas e seus objetivos. A partir das contribuições feitas pela consulta pública e de propostas elaboradas por agentes do setor, o anteprojeto foi revisado duas vezes e teve suas medidas alteradas.

Consulta Pública

A consulta pública foi realizada do dia 11 de agosto de 2004 a 1 de outubro de 2004. Foram 52 dias de consulta em que a sociedade civil pôde enviar suas contribuições pelo site do projeto da Ancinav. Foram enviadas aproximadamente 500 contribuições de cidadãos e instituições. As contribuições foram encaminhadas pelo ministério da Cultura ao Conselho Superior do Cinema com o objetivo de auxiliar a revisão do anteprojeto.

Dentre as contribuições enviadas via site, algumas se dedicam apenas a fazer comentários contrários ou de apoio ao anteprojeto, sem elaborar sugestões que possam contribuir com a proposta. Alguns exemplos são:

> Em vez de tentarem regular, invistam na educação das nossas crianças e jovens (o ensino público está falido) para que se formem cidadãos mais conscientes e eles mesmo escolham o que querem ler,

> ver e ouvir. Estou indignada com o Governo do PT. Primeiro a Ancinav, depois o CFJ [Conselho Federal de Jornalismo] e o que virá no futuro? A influência sobre os nossos hábitos de vestir, de comer...? (Ana Maria Luisi, Jornalista)[49]
>
> Parabéns ao MinC pela iniciativa. Tanto pela coragem de enfrentar instituições e modelos arcaicos e prejudiciais à cultura, quanto pelo processo transparente e democrático com que a discussão está se dando na sociedade. Espero que o MinC consiga dialogar com as organizações envolvidas e implicadas no projeto e saiba estabelecer um fio de prumo capaz de abrir mercado e permitir uma concorrência menos desleal entre os vários players desse complexo e difícil mercado. (Leonardo Brant, consultor)[50]

Grande parte das opiniões contrárias ao anteprojeto criticaram as medidas que propunham a taxação do setor, sobretudo a taxação na locação de vídeos. Muitos comerciantes enviaram críticas sobre a criação desta taxa e argumentaram que ela incentivaria a pirataria e ocasionaria o fechamento de pequenas locadoras. Os consumidores também enviaram opiniões contrárias à taxação, alegando que já pagavam impostos demais.

As contribuições mais completas, que analisaram as medidas do anteprojeto indicando alterações e acrescentando propostas, foram realizadas por instituições ou grupos de acordo com sua área de atuação,

---

49 LUISI, Ana Maria. *Proposta encaminhada atráves do sistema de consulta do Ministério da Cultura*. Disponível em: <http://www.midiativa.tv/direitos/propostancinav.pdf>, p. 9.

50 BRANT, Leonardo. *Proposta encaminhada atráves do sistema de consulta do Ministério da Cultura*. Disponível em: <http://www.midiativa.tv/direitos/propostancinav.pdf>, p. 10 – 11.

como o Coletivo Fora do Eixo, que sugeriu que as cooperativas fossem incluídas como produtoras independentes:

> Solicitamos que o anteprojeto de lei da ANCINAV seja modificado no sentido de incluir as cooperativas de produção de conteúdo audiovisual no mesmo patamar das empresas produtoras, proporcionando iguais condições de acesso aos mecanismos de produção audiovisual a estes dois tipos de sociedade jurídica.[51]

A associação de Cineclubes que destacou a importância de definir a atividade sem fins lucrativos para que possa entrar como exceção em algumas medidas do anteprojeto:

> Propomos, então, a introdução de um artigo – pela lógica, se seguiria ao 39 – com a seguinte redação:
> Art. 40 – Para os fins desta Lei, empresa ou entidade sem fins lucrativos é aquela que aplica seus recursos exclusivamente na manutenção e desenvolvimento de seus objetivos, sendo vedada a distribuição de lucros, bonificações ou quaisquer vantagens pecuniárias a dirigentes, mantenedores e associados
> Em diferentes artigos deste anteprojeto, a adoção desta disposição e nomenclatura dará mais clareza e preservará direitos e interesses não apenas de cineclubes, mas de outras associações sem fins lucrativos

---

51   MARANHÃO, Pedro. *Proposta encaminhada através do sistema de consulta do Ministério da Cultura*. Disponível em: <http://www.midiativa.tv/direitos/contribuicoes.pdf>, p. 13 – 15.

que têm surgido no universo da cultura audiovisual, como os pontos de cultura, além de cinematecas.[52]

A Associação Brasileira de Produtores Independentes de Televisão (ABPITV) sugere maior reserva de espaço na grade de programação das emissoras de televisão:

> Art. 90 – As prestadoras de serviços de radiodifusão de sons e imagens e outras prestadoras de serviços de telecomunicações exploradoras de atividades audiovisuais cederão um mínimo de 30 por cento de todo seu horário de programação para exibição de obras cinematográficas brasileiras de longa metragem, obras cinematográficas e videofonográficas brasileiras destinadas ao público infantil e juvenil, bem como obras cinematográficas e videofonográficas brasileiras de produção independente e de produção independente regional. É obrigatória a distribuição proporcional deste percentual de programação independente na faixa compreendida entre 9h00 e 22h00.[53]

Os posicionamentos contrários que se preocuparam em analisar e comentar as medidas do anteprojeto foram as empresas que tinham seus

---

52 MACEDO, Felipe.; SEABRA, Carlos. *Proposta encaminhada através do sistema de consulta do Ministério da Cultura*. Disponível em: <http://www.midiativa.tv/direitos/contribuicoes.pdf>, p. 241 – 245. Acesso em: 17 mar. 2014.

53 PROPOSTAS da ABPI e ARTV. *Proposta encaminhada diretamente por e-mail ao Ministério da Cultura*. Internet Machine. Disponível em: <http://web.archive.org/web/20041214221511/http://www.cultura.gov.br/projetoancinav/arquivos/contribuicoes_em_anexos_de%20e-mail.pdf>, p. 33.

interesses em jogo, como a Vivo, empresa de telefonia móvel que solicita a melhor definição das funções da Anatel e da Ancinav:

> Os artigos 41 a 46 tratam da exploração de atividades cinematográficas e audiovisuais nos serviços de telecomunicações. Ocorre que, na forma como o Anteprojeto encontra-se redigido, não há a definição expressa de mecanismos de cooperação do Ministério das Comunicações e da Anatel para com o Ministério da Cultura e a ANCINAV, quanto à observância das normas referentes à exploração de atividades cinematográficas pelos prestadores dos serviços de telecomunicações, ou dos demais prestadores dos serviços de telecomunicações que, muito embora não tenham conteúdo audiovisual como parte inerente ao serviço, mas que o transmitam ou ofereçam ao usuário!
>
> Referidos dispositivos legais não estabelecem, de forma explícita, a forma mediante a qual a ANCINAV pretende regular a exploração de atividade cinematográfica e audiovisual de prestadores de serviços de telecomunicações que, muito embora, não tenham o conteúdo audiovisual como parte inerente ao serviço, mas que o transmitam ou ofereçam ao usuário! Note-se que o referido Anteprojeto de Lei quer estabelecer um controle sob um conteúdo que, sequer, é produzido pela operadora de telecomunicações que o transmite ao usuário, caracterizando uma interferência nos negócios privados dessa prestadora.

Desta feita, urge salientar que a regulação dos serviços de telecomunicação é de exclusiva competência da Agencia Nacional de Telecomunicações – ANATEL. [...]A competência para a edição de normas regulamentares é exclusiva da ANATEL, devendo o Anteprojeto ora comentado ter sua redação aclarada a fim de que sejam definidos os estritos limites de atuação da ANCINAV, o que deve ser feito em parceria com a ANATEL.[54]

A empresa de telecomunicação Telefônica recomenda que as referências aos serviços de telecomunicações sejam retiradas do anteprojeto:

> (Art. 45.) Art 42. Visando propiciar a competição efetiva e a diversidade de fontes de informação, a Ancinav poderá estabelecer condições à exploração de atividades cinematográficas e audiovisuais por prestadoras de serviços de telecomunicações e suas coligadas, controladas ou controladoras.
> Proposta da Telefônica:
> Exclusão do artigo.
> Justificativa/Comentário:
> A possibilidade de, a qualquer momento, a Ancinav estabelecer restrições a prestadoras de serviços de telecomunicações traz incertezas quanto a viabilidade jurídica e econômica de qualquer modelo de negócios e, por conseqüência, limita ou afasta inves-

---

54 VIVO. *Proposta encaminhada através do sistema de consulta do Ministério da Cultura.* Disponível em: <http://www.midiativa.tv/direitos/contribuicoes.pdf>, p. 136 – 138. Acesso em: 17 mar. 2014.

timentos de capital neste setor. Sugere-se, portanto, a exclusão desse artigo.[55]

A Internet Group do Brasil Ltda. ("iG"), provedor de Serviços de Acesso à Internet também se manifestou:

> 1.12. A regulamentação da Internet possui uma característica peculiar que consiste no fato de que um arcabouço jurídico sem o correspondente amparo e viabilidade técnico-operacional pode, facilmente, vir a transformar-se em mera carta de boas intenções. Nenhuma regulamentação na Internet será plenamente eficaz se não houver o desenvolvimento de técnicas e métodos de polícia investigativa, auxiliados por uma cooperação internacional, para tornar aplicável essa regulamentação.
> Altere-se a redação do inciso I do parágrafo 1.º do artigo 34 do Anteprojeto, para ter a seguinte nova redação:
> "(Art. 37.) Art. 34. (...)
> I – a exploração, direta e indireta, comercial e não comercial, de qualquer natureza e finalidade, por quaisquer meios, *exceto a Internet*, de obras cinematográficas e outros conteúdos audiovisuais; e; (...)".[56]

---

55 MELO, Jussara Costa; TÁPIAS, Camilla Tedeschi de Toledo. *Proposta encaminhada através do sistema de consulta do Ministério da Cultura.* Disponível em: <http://www.midiativa.tv/direitos/propostancinav.pdf>, p. 267 – 271.

56 SUZUKI, Matinas. *Proposta encaminhada através do sistema de consulta do Ministério da Cultura.* Disponível em: <http://www.midiativa.tv/direitos/propostancinav.pdf>, p. 112 – 118.

Participaram da consulta pública profissionais de diversas áreas, como estudantes, advogados, comerciantes, funcionários públicos, engenheiros, entre outros. As instituições e associações que participaram estão listadas abaixo de acordo com documento disponível no site do ministério da Cultura.[57]

ARTISTAS E TÉCNICOS

- CONATED – Colégio Nacional de Sindicatos de Artistas e Técnicos (regionais do SATED, SINDDANÇA/SP e SPD/RJ)
- ARTV – Associação Brasileira de Roteiristas de Televisão e outros Veículos de Comunicação
- Sindicato dos Trabalhadores na Indústria Cinematográfica do Estado de São Paulo

PRODUTORES INDEPENDENTES DE TELEVISÃO

- ABPI TV – Associação Brasileira de Produtores Independentes de Televisão

PRODUTORES E DIRETORES DE CINEMA

- APCNN – Associação de Produtores do Norte/ Nordeste
- APROCINE – Associação de Produtores e Realizadores de Filmes de Longa Metragem de Brasília
- ABRACI – Asociação Brasileira de Cineastas/Rio de Janeiro
- ABD Nacional – Associação Brasileira de Documentaristas

---

57 LISTA de proponentes. Ministério da Cultura. Acesso em: 10 maio 2014. Internet Wayback Machine. Disponível em: <http://web.archive.org/web/20041215002616/http://www.cultura.gov.br/projetoancinav/artigoseopinioes/lista_proponentes.php>

PRODUTORAS

- Photon Filmes – Cooperativa Cinematográfica
- APOLO – Associação de Cinema e Vídeo
- Cinédia Estúdios
- FORA DO EIXO – Cooperativa dos Profissionais de Artes Cinematográficas, de Vídeos e de Áudios Ltda

INFRA-ESTRUTURA

- Grupo de Trabalho da Infra-estrututa de Base (ABEICA – Associação Brasileira das empresas de Infra Estrutura Cinematográfica e Audiovisual e ABELE – Associação Brasileira das Empresas Locadoras de Equipamentos Cinematográficos Ltda)
- APSC – Associação dos Profissionais de Som Cinematográfico + ABEICA (Edina Fuji e José Pedro Scatena), ABELE (AbrahaoSochaczewski e Paulo Ribeiro)
- ABED – Associação Brasileira dos Estúdios de Dublagem

TV ABERTA

- ABERT – Associação Brasileira de Emissoras de Rádio e Televisão
- RBS – Rede Brasil Sul de Comunicação

TV POR ASSINATURA

- ABTU – Associação Brasileira de Televisão em UHF
- ABRIL S.A.
- Associação Neo TV
- ABPTA – Associação Brasileira dos Programadores de TV por Assinatura
- ABTA – Associação Brasileira de Televisão por Assinatura
- ESPN Brasil
- CINEBRASIL TV

DISTRIBUIDORES

- SEDCMRJ – Sindicato das Empresas Distribuidoras Cinematográficas do Município do Rio de Janeiro
- Sindicato das Empresas Distribuidoras Cinematográficas, Vídeo e Similares do Estado de São Paulo

EXIBIDORES

- ABRACINE – Associação Brasileira de Cinemas
- ABRAPLEX – Associação Brasileira de Operadores de Multiplex
- FENEEC – Federação Nacional das Empresas Exibidoras Cinematográficas
- Núcleo de Cinema de Ribeirão Preto

INTERSETORIAIS DE CINEMA E AUDIOVISUAL

- CBC – CONGRESSO BRASILEIRO DE CINEMA
- Grupo intersetorial de Produção, Exibição, Distribuição/Comercialização, Infra-estrutura Técnica e Televisão (SICAV – Sindicato da Indústria Cinematográfica e Audiovisual, ABRAPLEX – Associação das Empresas de Multiplex, Sindicato dos Distribuidores do Rio de Janeiro, FENEC – Federação Nacional das Empresas Exibidoras Cinematográficas, Sindicato das Empresas Distribuidoras Cinematográficas e Vídeo e Similares de São Paulo, Sindicato dos Empregados das Empresas Distribuidoras do Rio de Janeiro, Sindicato dos Empregados das Empresas Distribuidoras de São Paulo, ABRADI – Associação Brasileira de Distribuidoras Independentes, Associação Brasileira de Infra-estrutura, ABERT – Associação Brasileira de Rádio e Televisão, Rede Globo de Televisão)
- ASOPROD – Asociación de Productores y Realizadores de Cine y Video del Uruguay

- Coalición Chilena para la Diversidad Cultural (22 associações profissionais de cultura do Chile, incluindo as associações do setor audiovisual)
- Carta de Camboriú (III Catarina Festival de Documentário)
- Associação Cultural El Ojo Cojo (Madri/Espanha)

PROVEDORES/SERVIDORES DE INTERNET

- IG – Internet Group do Brasil
- Terra
- Yahoo! Brasil

TELEFONIA

- Telefonica
- Vivo
- Telemar
- CTBC Telecom
- Claro
- Siemens
- Telemig Celular
- Amazônia Celular
- Alcatel Telecomunicações S/A

JOGOS ELETRÔNICOS

- AmokEntertainment

VÍDEO DOMÉSTICO

- UBV – União Brasileira de Vídeo

PUBLICIDADE

- CONAR – Conselho Nacional de Auto-regulamentação Publicitária

- APROSOM – Associação Brasileira das Produtoras de Fonogramas Publicitários
- Câmara Argentina de Anunciantes
- Câmara de Anunciantes delUruguay

DIREITO AUTORAL

- SBACEM – Sociedade Brasileira de Autores, Compositores e Escritores de Música (filiada à CISAC)
- ABRAMUS – Associação Brasileira de Músicos
- UBC – União Brasileira de Compositores
- AMAR/SOMBRÁS – Associação de Músicos, Arranjadores e Regentes (Sociedade Musical Brasileira)
- I Congresso Mundial de Gestão Coletiva de Direito Autoral
- ECAD – Escritório Central de Arrecadação e Distribuição
- ABDA – Associação Brasileira de Direito Autoral
- ASPI – Associação Paulista da Propriedade Intelectual
- ABPD – Associação Brasileira dos Produtores de Discos
- ABEM – Associação Brasileira dos Editores de Música
- Grupo de Compositores de Trilhas Musicais na Área de Televisão do Rio de Janeiro (Alberto Rozemblit, Alexandre Negreiros, Aluisio Didier, Áurea Regina Coelho, Francisco Adnet, Guilherme Dias Gomes, Iuri Cunha, João Paulo Mendonça, Márcio da Silva Pereira, Márcio Lomiranda, Mú Carvalho, MúChebabi, Paulo Henrique, Ricardo Ottoboni, Rodolpho Rebuzzi, Roger Henri, Tim Rescala, Victor Pozas)
- ABPI – Associação Brasileira da Propriedade Intelectual

PESQUISA, DOCUMENTÁRIOS, ENSINO, PRESERVAÇÃO, CINECLUBES, FESTIVAIS

- Grupo representativo do setor de Cinema Cultural (ABD Nacional – Associação Brasileira de Documentaristas, Fórum dos Festivais,

- FORCINE – Fórum Brasileiro de Ensino de Cinema e Audiovisual, CPCB – Centro de Pesquisadores do Cinema Brasileiro)
- FORCINE – Fórum Brasileiro de Ensino de Cinema e Audiovisual
- CPCB – Centro de Pesquisadores do Cinema Brasileiro 48 cineclubes brasileiros
- Centro de Documentação e Memória Sindical da Central Única dos Trabalhadores – CUT
- FMIS/RJ – Fundação Museu da Imagem e do Som do Rio de Janeiro

COMUNICAÇÃO SOCIAL

- Intervozes – Coletivo Brasil de Comunicação Social
- FNDC – Fórum Nacional pela Democratização da Comunicação

LISTA DE DISCUSSÃO NA INTERNET

- Cinema Brasil

ADVOGADOS

- Xavier, Bernardes, Bragança, Sociedade de Advogados
- ABDI – Associação Brasileira de Direito de Informática e Telecomunicações

AGÊNCIAS DE REGULAÇÃO

- ABAR – Associação Brasileira de Agências de Regulação

INSTITUIÇOES PÚBLICAS

- Ministério Público Federal

Também foram enviadas sugestões por e-mail e carta diretamente ao ministério da Cultura. Pela quantidade e variedade de agentes que participaram da consulta pública, esta etapa foi de grande importância no processo de discussão do anteprojeto e no seu amadurecimento.

Estas colaborações somadas à pressão da mídia fez com que o anteprojeto fosse alterado, retirando algumas das medidas mais polêmicas e reescrevendo alguns artigos. Assim, o anteprojeto contou com três versões oficiais.

Versões e trâmite do anteprojeto

Na primeira versão do anteprojeto, dentre os princípios fundamentais, a agência também teria as funções de planejar, administrar, regulamentar e fiscalizar as atividades cinematográficas e audiovisuais. Já na segunda versão foram retiradas as funções de administrar e planejar, funções que caberiam ao Conselho Superior de Cinema e Audiovisual.

Ainda nos princípios fundamentais do anteprojeto foram retiradas na segunda versão algumas medidas que poderiam sugerir dirigismo estatal, como:

> Art. 4º O Poder Público, no que se refere à regulação das atividades cinematográficas e audiovisuais, tem o dever de:
>
> III – criar condições para que a evolução do setor seja harmônica com as metas de desenvolvimento social do País;
>
> VII – incentivar a aplicação, pelos exploradores de atividades cinematográficas e audiovisuais, de critérios de produção e programação que respeitem os direitos fundamentais, bem como os valores éticos e sociais da pessoa e da família;
>
> XVII – proteger os valores éticos e sociais da pessoa e da família. [58]

---

58 BRASIL. *Minuta do Projeto de Lei que dispõe sobre a organização de Atividades Cinematográficas e Audiovisuais, sobre o Conselho Superior do Cinema, a Agência*

Ao prever o respeito a valores vagos como "valores éticos e sociais da pessoa e da família" a medida poderia dar margem a intervenções no conteúdo a ser veiculado, então o MinC optou por retirar estes incisos do artigo 4º.

Outro artigo que foi retirado por seu caráter ambíguo que dava margens a interpretações de intervencionismo foi o artigo 8º da primeira versão:

> Art. 8º No exercício da regulação das atividades cinematográficas e audiovisuais, o Poder Público observará a exigência de mínima intervenção na vida privada, assegurando que:
> I — a liberdade será a regra, constituindo exceção as proibições, restrições e interferências do Poder Público;
> II — os condicionamentos deverão ter vínculos, tanto de necessidade como de adequação, com finalidades públicas específicas e relevantes;[59]

A primeira versão criava a Ancinav por meio do artigo 13, mas não se referia a Ancine, não sendo possível saber se a agência seria transformada, extinta ou se manteriam as duas. Esta medida também é alterada na versão seguinte, na qual a Ancinav seria criada por transformação da já existente Ancine.

> Art 11. Fica criada, por transformação da Agência Nacional do Cinema (Ancine) a Agência Nacional do Cinema e do Audiovisual (Ancinav), entidade integrante da Administração Pública Federal indi-

---

Nacional do Cinema e do Audiovisual e dá outras providências. 1ª ed. 2004, p. 1 – 2.

59   Ibidem, p. 3.

reta, submetida a regime autárquico especial, com a função de ente regulador das atividades cinematográficas e audiovisuais.[60]

Dentre as propostas do artigo 42:

> Art. 42. A Ancinav disporá sobre a observância, pelas prestadoras dos serviços de telecomunicações enumerados no art. 41, dos seguintes princípios aplicáveis à produção e programação de conteúdos audiovisuais:
>
> I — da preferência a finalidades educativas, artísticas, culturais e informativas;
>
> II — da promoção da cultura nacional e regional e estímulo à produção independente que objetive sua divulgação;
>
> III — da regionalização da produção cultural, artística e jornalística, conforme percentuais estabelecidos em lei; e
>
> IV — do respeito aos valores éticos e sociais da pessoa e da família.[61]

Foram retirados os incisos I e IV para que não fossem interpretados como intervenção no conteúdo, assim como o inciso I do artigo 43 que gerou polêmica ao se referir a responsabilidade editorial das prestadoras de serviços de radiodifusão:

---

60 BRASIL. *Minuta do Projeto de Lei que dispõe sobre a organização de Atividades Cinematográficas e Audiovisuais, sobre o Conselho Superior do Cinema, a Agência Nacional do Cinema e do Audiovisual e dá outras providências.* 2ª ed. 2004, p. 4.

61 BRASIL. *Minuta do Projeto de Lei que dispõe sobre a organização de Atividades Cinematográficas e Audiovisuais, sobre o Conselho Superior do Cinema, a Agência Nacional do Cinema e do Audiovisual e dá outras providências.* 1ª ed. 2004, p. 13.

> Art. 43. À Ancinav compete, no que respeita à regulação e fiscalização da exploração de atividades cinematográficas e audiovisuais pelas prestadoras de serviços de radiodifusão de sons e imagens, dispor especialmente sobre:
> I— a responsabilidade editorial e as atividades de seleção e direção da programação, previstas pela Constituição Federal, em articulação com o Ministério das Comunicações[62]

O artigo 60 presente na primeira versão só foi retirado na terceira versão devido às pressões dos grupos de comunicação que alegavam inconstitucionalidade na exigência de acesso aos contratos privados.

> Art. 60. É obrigatório o registro, na Ancinav, dos contratos de co-produção, cessão de direitos de exploração comercial, exibição, veiculação, licenciamento, distribuição, comercialização, importação e exportação de obras cinematográficas e outros conteúdos audiovisuais, em qualquer suporte ou veículo no mercado brasileiro, na forma da regulamentação.[63]

As taxações previstas na Condecine também sofreram alterações na terceira versão do anteprojeto. A taxação de 10% sobre o valor do ingresso vendido nas salas de exibição deixou de existir. Esta medida enfrentou grande resistência do meio cinematográfico que alegava que a taxação do ingresso aumentaria os preços deste, mesmo sendo o exibidor o responsável por pagar esta taxa provavelmente ela seria repassada ao consumidor, e com isto elitizaria ainda mais o acesso às salas de cinema.

---

62 *Ibidem*, p. 14

63 *Ibidem*, p. 60.

O setor exibidor também declarou que essa taxação aumentaria os custos da sala de exibição e poderia ocasionar o fechamento de salas menores, contribuindo ainda mais para a concentração do parque exibidor em grandes centros.

Outras taxações de Condecine foram reduzidas na última versão do anteprojeto, como a taxação sobre a venda ou locação de obras cinematográficas e videofonográficas para o mercado de vídeo doméstico, que passou de 9% para 5% por unidade locada ou vendida. Esta taxação também foi muito questionada, tanto pelo setor como pelos consumidores, e foi bem destacada na consulta pública realizada pelo MinC. Os argumentos apresentados foram praticamente os mesmos que o do parque exibidor, que a taxação elevaria os custos e poderia ocasionar o fechamento das locadoras, e que iria encarecer uma forma mais popular de acesso ao cinema. A Condecine de compra de espaço publicitário nos serviços de radiodifusão e telecomunicações foi reduzida de 4% para 3%.

A Condecine resultante da exploração de obras cinematográficas nas salas de exibição também foi reduzida. A proposta inicial era que filmes estrangeiros lançados com mais de 200 cópias pagassem R$600 mil, e para lançamentos de 101 a 200 cópias o valor seria de R$150 mil, e, no caso de filmes nacionais, esses seriam taxados com apenas 10% deste valor. A versão final ficou com o máximo de R$ 80 mil para filmes estrangeiros com mais de 451 cópias, mantendo os 10% no caso de lançamentos nacionais.

Na primeira e na segunda versão do anteprojeto estava prevista a criação de dois fundos, o Funcinav, destinado ao fomento da atividade audiovisual, e o Fundo de Fiscalização do Cinema e do Audiovisual (Fiscinav), "destinado a cobrir as despesas feitas pelo Poder Executivo na execução da fiscalização das atividades cinematográficas e audiovisuais, no desenvolvimento de meios e no aperfeiçoamento de técnicas necessários ao exercício desta atividade".[64] Uma das fontes de recursos deste fundo seria um percentual da arrecadação da Condecine. Na terceira versão do anteprojeto, optou-se por manter somente a criação do Funcinav, que teria os recursos destinados tanto ao fomento da atividade quanto à fiscalização do setor e manutenção da agência.

Em relação à reserva de espaço para a produção audiovisual nacional, a primeira versão do anteprojeto propunha medidas mais protecionistas e que garantiriam o produto nacional em diferentes plataformas de exibição. Como o artigo 92 que garantiria o lançamento de obras nacionais no mercado de vídeo doméstico:

> Art. 92. As empresas de distribuição de obras cinematográficas e videofonográficas para o mercado de vídeo doméstico, em qualquer suporte, devem incluir entre seus títulos e lançar comercialmente obras cinematográficas e videofonográficas brasileiras, na forma do regulamento que disporá, inclusive, sobre o percentual de títulos e lançamentos a ser observado anualmente.[65]

O artigo 93 estabelecia a reserva de espaço para exibição de filmes de longa metragem nacional e produções independentes e regionais nos serviços de radiodifusão e telecomunicações.

> Art. 93. As prestadoras de serviços de radiodifusão de sons e imagens e outras prestadoras de serviços de telecomunicações exploradoras de atividades audiovisuais estabelecerão anualmente um compromisso público, a ser firmado com a Ancinav e o Ministério da Cultura, para exibição de obras cinematográficas

---

64   *Ibidem*, p. 21.
65   *Ibidem*, p. 25.

> brasileiras de longa metragem, obras cinematográficas e videofonográficas brasileiras destinadas ao público infantil e juvenil, bem como as obras cinematográficas e videofonográficas brasileiras de produção independente e de produção regional.
> Parágrafo único. Os anunciantes que patrocinarem a veiculação prevista no *caput* poderão abater como despesa operacional, além dos valores efetivamente pagos, um adicional de cinquenta por cento.[66]

E o artigo 94 previa a reserva de espaço para a veiculação de propaganda de filmes nacionais, medida que pretendia promover o lançamento do filme nacional, aumentando sua publicidade.

> Art. 94. As prestadoras de serviços de radiodifusão de sons e imagens e outras prestadoras de serviços de telecomunicações exploradoras de atividades audiovisuais devem destinar à Ancinav três minutos diários, não contínuos, para a inserção de publicidade e peças promocionais de obras cinematográficas brasileiras, na forma do regulamento.
> Parágrafo único. As prestadoras poderão abater como despesa operacional, além dos valores efetivamente pagos, um adicional de cem por cento.[67]

Essas medidas visavam fortalecer a produção audiovisual nacional, pois incentivariam a produção, garantiriam espaço de exibição e diversificariam a programação da televisão. As medidas também estimulavam os anunciantes a patrocinarem a veiculação de produções nacionais.

---

66   *Ibidem*, p. 25 – 26.
67   *Ibidem*, p. 26.

Estas propostas encontraram grande resistência dos setores de radiodifusão e na terceira versão do anteprojeto foram substituídas por medidas que propunham o incentivo a veiculação de programação nacional e independente, e não mais de obrigatoriedade, como foi explicado no item 1.3.

É possível perceber que as alterações feitas no anteprojeto objetivaram, principalmente, retirar ambiguidades e possíveis interpretações de dirigismo e autoritarismo por parte do Estado. As medidas que sofreram mais ataques foram retiradas e outras foram reescritas demonstrando a intenção do MinC em esclarecer as propostas e reforçar o caráter democrático do anteprojeto.

Outras alterações significativas foram relativas às taxações do setor. Devido às pressões exercidas as taxas foram reduzidas e até mesmo retiradas integralmente do projeto, como é o caso da taxa sobre o ingresso do cinema, que além da pressão dos exibidores sofreu pressões dos próprios consumidores, o que contribuiu para a retirada desta medida.

Estas alterações tinham como objetivo aprimorar o anteprojeto baseado nas contribuições do setor e da sociedade civil e também de diminuir os ataques que ele estava sofrendo na mídia. No entanto, mesmo com as novas versões o anteprojeto continuou encontrando forte oposição.

No meio do embate, Luiz Carlos Barreto liderou a elaboração de um documento que ficou conhecido como "Contra-projeto da Ancinav". O documento foi apresentado em outubro de 2004 e pretendia substituir o atual projeto da Ancinav.

O projeto foi assinado por profissionais de todos os elos da cadeia produtiva, como os diretores Aníbal Massaini, Paulo Thiago e Roberto Farias; os produtores Leonardo Monteiro de Barros, Diler Trindade, Luiz Carlos Barreto e Zelito Viana; os distribuidores Bruno Wainer (Lumière), Cesar Pereira da Silva e Jorge Peregrino (diretor da distribuidora United International Pictures), Marco Aurélio Marcondes, Wilson Feitosa (Europa Filmes), Rodrigo Saturnino (Columbia); os exibidores Luiz

Severiano Ribeiro e Valmir Fernandes (presidente da rede Cinemark) e ainda Carlos Eduardo Rodrigues (diretor da Globo Filmes).[68]

Também assinaram o documento as associações: SICAV – Sindicato da Indústria Cinematográfica e Audiovisual, ABRAPLEX – Associação das Empresas de Multiplex, Sindicato dos Distribuidores do Rio de Janeiro, FENEC – Federação Nacional das Empresas Exibidoras Cinematográficas, Sindicato das Empresas Distribuidoras Cinematográficas e Vídeo e Similares de São Paulo, Sindicato dos Empregados das Empresas Distribuidoras do Rio de Janeiro, Sindicato dos Empregados das Empresas Distribuidoras de São Paulo, ABRADI – Associação Brasileira de Distribuidoras Independentes, Associação Brasileira de Infra-estrutura, ABERT – Associação Brasileira de Rádio e Televisão e Rede Globo de Televisão.

Com 103 artigos e anexos, o contra-projeto muda a proposta do ministério da Cultura e reduz as atribuições da nova agência, que deixaria de regular o mercado e se encarregaria apenas de fomentar e fiscalizar o setor. A função central da agência passaria de "organizar as atividades audiovisuais" para "promover o desenvolvimento de atividades cinematográficas e audiovisuais". No livro sobre os princípios fundamentais foram retiradas as funções de regulação, combate ao abuso de poder econômico e zelo aos princípios constitucionais da Comunicação Social, as atividades da agência se concentraram em estimular e fomentar o setor.

As competências da agência também foram reduzidas, foram retiradas as medidas que regulavam os serviços de radiodifusão e telecomunicações e a fiscalização sobre os direitos autorais de obras cinematográficas e audiovisuais.

O contra-projeto excluiu todo o Título II referente à exploração de atividades audiovisuais nos serviços de radiodifusão de sons e imagens

---

68 LAUTERJUNG, Fernando; POSSEBON, Samuel. Ancinav do B. *Tela Viva*, São Paulo, n° 143, vol. 13, out. 2004, p. 36.

e nos serviços de telecomunicações, o que era uma questão fundamental abordada no anteprojeto.

As taxações propostas também perderam forças. A Condecine seria cobrada apenas pela exploração comercial de conteúdos audiovisuais por segmento de mercado e sobre a remessa de lucros decorrente da exploração de obras audiovisuais estrangeiras no Brasil. Foram eliminadas as propostas de taxação sobre a venda de ingresso no cinema, a compra de publicidade destinada aos serviços de radiodifusão, a locação e compra de vídeo e a taxação progressiva sobre o número de cópias lançadas.

Além das taxações, outras propostas perdem força, como a regulação da televisão aberta, a valorização da produção independente e regional, o combate à concentração e abuso de poder econômico na exploração da atividade audiovisual, itens que não são contemplados neste contra-projeto.

Até mesmo a capacidade de punição da agência foi reduzida de R$ 25 milhões para no máximo R$ 2 milhões. O Fundo de Fiscalização do Cinema e do Audiovisual (Fiscinav) e o Fundo Nacional para o Desenvolvimento do Cinema e do Audiovisual Brasileiros (Funcinav) foram mantidos, porém com menos recursos.

A televisão ficou de fora do contra-projeto, não foram destinadas cotas para programação nacional, nem para a programação independente e regional. Os serviços de telecomunicações também não foram abordados, a agência se limitaria novamente ao cinema.

O contra-projeto atende aos interesses das emissoras de televisão, dos distribuidores e exibidores, que não concordaram com as propostas do anteprojeto original, e dos cineastas cujos filmes têm ressonância de mercado. A nova agência teria basicamente as mesmas funções da atual Ancine, já que as medidas que tinham caráter inovador foram excluídas desta versão.

Em uma reunião do Conselho Superior de Cinema realizada em outubro de 2004, os grandes opositores do anteprojeto Roberto Farias e

Carlos Eduardo Rodrigues, diretor da Globo Filmes, concordaram com a proposta original de criação da Ancinav e com sua função reguladora. No entanto, no dia seguinte ambos solicitaram ao conselho a alteração de seus votos, e voltaram a se posicionar contrariamente ao anteprojeto. A alteração do voto em tão pouco tempo sugere interferência da Rede Globo, já que ambos eram ligados à emissora. Após a alteração do voto, o Conselho volta a discutir as propostas, a fim de chegar a um consenso sobre o anteprojeto. Em entrevista Carlos Augusto Calil, professor de cinema da Universidade Estadual de São Paulo e membro do Conselho comenta o episódio[69] "Aquela unanimidade era politicamente importante e vinha sendo elaborada com muito esforço. Mas prevaleceram os interesses particulares. Nesse episódio, ficou evidente que certos membros não tinham autonomia individual de voto".

No dia 18 de novembro de 2004, foi realizado o Seminário "A Agência Nacional do Cinema e Audiovisual e o fortalecimento da produção audiovisual brasileira" na Câmara dos Deputados em Brasília. O evento foi realizado pelo Congresso Brasileiro de Cinema, promovido pela Casa Civil da Presidência da República, pelo ministério da Cultura e pela Faculdade de Comunicação da Universidade de Brasília, contou com o patrocínio do Banco do Brasil, da Petrobrás e com apoio da Câmara dos Deputados e do Banco Interamericano de Desenvolvimento.

O objetivo do Seminário foi apresentar e discutir o anteprojeto de criação da Ancinav. Foram ouvidas opiniões de diferentes agentes do setor, que explicaram como o anteprojeto iria interferir em cada setor e deram contribuições para o aperfeiçoamento do projeto.

Participaram do evento como palestrantes os deputados Walter Pinheiro (PT-BA) representante da Comissão de Ciência, Tecnologia, Comunicação e Informática, Paulo Rubem Santiago (PT-PE) da Comissão de Educação e Cultura da Câmara dos deputados, e Orlando

---

69 SOUZA, Ana Paula; LÍRIO, Sérgio. "A Rede Globo ganha outra". *Carta Capital*, São Paulo, nº 326, 26 jan. 2005, p. 26.

Fantazzini (PT-SP); Orlando Senna, Secretário do Audiovisual; Gustavo Dahl, presidente da Ancine; professora Dácia Ibiapina da Silva, Diretora da Faculdade de Comunicação da Universidade de Brasília; Geraldo Moraes, diretor-presidente do CBC; Manoel Rangel, assessor especial do ministro da Cultura, Bruno Wainer, diretor da distribuidora Lumière, Toni Venturi, presidente da Associação Paulista de Cineastas, Roberto Wagner, presidente da Associação Brasileira de Radiodifusão e Telecomunicações, Marco Altberg, presidente da associação Brasileira de Produtores Independentes de Televisão, Neusa Risette, diretora geal da NEO TV; e Luiz Alberto dos Santos, subchefe de Análise e Acompanhamento de Políticas Governamentais da Casa Civil da Presidência da República como coordenador do Seminário.

Durante o seminário, foram abordadas questões sobre a globalização e a convergência tecnológica, a necessidade de reorganizar o setor, estabelecer regras comuns para o setor audiovisual independente da tecnologia utilizada, garantindo a diversidade da produção e o equilíbrio no setor.

De acordo com o livro organizado pelo MinC com as transcrições das falas apresentadas no Seminário, foi possível analisar os discursos dos participantes. Em sua apresentação, Orlando Senna aponta a interferência do Estado no setor de comunicação e do audiovisual como a única maneira de proteger a cultura nacional e impedir a dominação de uma cultura por outra, sendo essencial para que o país se afirme como produtor de conteúdo, e não apenas consumidor.[70]

Bruno Wainer questiona a ausência de uma política para a distribuição nacional no anteprojeto da Ancinav. O distribuidor aponta a necessidade de formular uma política para este setor, fomentando e ca-

---

70 SEMINÁRIO *"Agência Nacional do Cinema e Audiovisual – ANCINAV e o fortalecimento da produção audiovisual brasileira"*, Brasília: Congresso Brasileiro de Cinema; Casa Civil da Presidência da República; Ministério da Cultura; Faculdade de Comunicação da Universidade de Brasília, 2004, p. 13 – 15.

pitalizando as distribuidoras nacionais para que elas possam investir na produção de filmes nacionais e contribuir para a ocupação do mercado nacional. No entanto, vale ressaltar que a formulação de políticas para o setor seria elaborada pelo Conselho Superior de Cinema e Audiovisual, e não pelo anteprojeto de lei.[71]

Em sua fala, Manoel Rangel faz uma apresentação da minuta do anteprojeto da Ancinav, apontando seus fundamentos, as polêmicas e os antecedentes deste projeto. Destaca a importância da regulação dos meios de comunicação no contexto da globalização e a necessidade de atualizar a legislação brasileira, adequando-a ao cenário da convergência tecnológica e ao cenário econômico. Também destaca a importância da articulação entre a Ancinav e a Anatel, que deveriam trabalhar em colaboração.[72]

O cineasta e produtor Toni Venturi ressalta a importância do anteprojeto e o seu caráter liberal, que não corresponde às acusações de autoritarismo e censura.

> Uma das principais conclusões que quero deixar em minha exposição é a de que o projeto ANCINAV, apoiado pelo cinema independente, é nada mais, nada menos do que um choque liberal. Ao contrário do que foi dito e repisado por formadores de opinião, pessoas que têm acesso à mídia, ele não é autoritário, e sim "anticoncentracionista", é antimonopólio. É um choque liberal. Ele simplesmente vai colocar o audiovisual num patamar de regulação capitalista.[73]

---

71 *Ibidem*, p. 38 – 43.
72 *Ibidem*, p. 24 – 37.
73 *Ibidem*, p. 43 – 48.

Geraldo Moraes aponta a discussão do anteprojeto como a "hora da verdade", onde se posicionaria quem é contra ou a favor da regulamentação do setor. E este posicionamento refletiria o caráter histórico do debate e traria relações de interesse em suas discussões.[74]

O presidente da Associação Brasileira de Radiodifusão e Telecomunicações (ABRATEL), Roberto Wagner Monteiro, defendeu a regulação para os serviços de TV por assinatura via satélite, pois, em sua opinião, a TV aberta e a TV a cabo já estão suficientemente reguladas. Ele também chamou a atenção para a perda de funções da Anatel e do ministério das Comunicações caso o projeto fosse aprovado, o que poderia inviabilizar a existência destes órgãos. E concluiu sua apresentação apontando a dificuldade de o setor de radiodifusão e telecomunicação concordarem com as taxações propostas pela Condecine, a reserva de espaço na grade de programação e as multas e sanções que estes setores estariam sujeitos caso não cumprissem suas obrigações.[75]

O Seminário foi estruturado por apresentações dos convidados e perguntas da plateia, na qual também estavam presentes deputados e agentes do setor audiovisual. O clima foi favorável ao anteprojeto, os participantes elogiaram a iniciativa e demonstraram apoio a criação da agência, mesmo com algumas sugestões de alterações e ressalvas.

Após a realização do Seminário o anteprojeto deveria ser encaminhado ao Conselho Superior de Cinema que iria se reunir com representantes da sociedade civil, do setor e os nove ministros que fazem parte do Conselho para definir as últimas alterações no texto e enviá-lo ao Presidente da República para que este decidisse quando encaminhá-lo ao Congresso Nacional.

No entanto, o presidente Luiz Inácio Lula da Silva optou por promover uma revisão da proposta e não a encaminhar imediatamen-

---

74   Ibidem, p. 18 – 20.
75   Ibidem, p. 67 – 73.

te para o Congresso Nacional. O presidente defendeu que era necessário primeiramente criar uma Lei Geral de Serviços de Comunicação Social Eletrônica, destinada a regulamentar o capítulo da Comunicação Social da Constituição Federal antes de criar a agência. Assim, a definição do marco regulatório deveria preceder a criação da agência que iria regular o setor.

O ministério da Cultura também previa a criação desta lei geral, mas após a criação da Ancinav. No entanto, a ordem se inverteu e a criação da lei passou a ser a prioridade. A proposta era elaborar uma lei geral que abrangesse todo o setor audiovisual, inclusive os serviços de radiodifusão e telecomunicações, atualizando a legislação do setor. A Ancinav deveria ser criada com menos atribuições e após a aprovação desta lei geral a agência iniciaria a função de regular o setor.

No dia 24 de novembro de 2004, foi lançada oficialmente no Senado a Frente Parlamentar Mista em Defesa da Indústria Cinematográfica Brasileira. A solenidade contou com a presença do secretário-executivo do ministério da Cultura, Juca Ferreira; o presidente do Congresso Nacional de Cinema, Geraldo Moraes; o coordenador-geral do Festival de Brasília do Cinema Brasileiro, Fernando Adolfo entre outros cineastas. A frente tinha como presidente a senadora Ideli Salvatti (PT/SC) e como vice-presidentes os deputados federais Maurício Rands (PT/PE) e Beto Albuquerque (PSB/RS) e mais de cem parlamentares que aderiram à Frente.[76]

O objetivo da Frente era agilizar a tramitação dos projetos referentes ao cinema e aumentar sua visibilidade no Congresso. Segundo a presidente da Frente: "esta frente parlamentar surge com o propósito de estimular, divulgar e defender a nossa produção artística, propondo-se a colaborar com o poder público, entidades e associações voltadas à produ-

---

76 SENADORA prevê que jogo será pesado no Congresso. *O Estado de S. Paulo*. São Paulo, 18 dez. 2004. Disponível em: <http://www.observatoriodaimprensa.com.br/news/imprimir/28999>. Acesso em: 09 maio 2014.

ção audiovisual de nosso país".[77] Um dos objetivos da Frente era debater o anteprojeto de criação a Ancinav e se preparar para sua votação no Congresso Nacional.

A criação desta frente de apoio ao cinema demonstra que o anteprojeto de criação da Ancinav teria apoio no Congresso Nacional, ainda que não seja possível dizer se ele seria suficiente para a aprovação da proposta. No entanto, faz com que o anteprojeto encontre apoio institucional.

Em 15 de dezembro de 2004, o FAC realiza o I Ciclo de Debates do Fórum do Audiovisual e Cinema. O evento contou com a presença do jornalista Arnaldo Jabor, o cineasta Roberto Farias, os publicitários Roberto Duailib e Gilberto Leifert, o antropólogo Roberto DaMatta, o professor de direito constitucional Luis Roberto Barros, o diretor da Associação Brasileira de Televisão por Assinatura, Alexandre Annenberg, o jurista Ives Gandra Martins, o advogado Marcos Bitelli e o diretor da Ancine, João da Silveira.[78]

O evento contou com duas mesas de debates cujos temas foram "Liberdade" e "O Papel da Iniciativa na Indústria Cultural". As falas se posicionaram contra a criação da Ancinav que sofreu duras críticas, alertaram para seu caráter dirigista e afirmaram a inconstitucionalidade do projeto.

A presença de um diretor da Ancine no evento foi justificada como comparecimento em caráter pessoal, não representando a agên-

---

77   BRASIL. Frente parlamentar em defesa do cinema será lançada nesta quarta. *Agência Senado*. Brasília, 23 nov. 2004. Disponível em: <http://www12.senado.gov.br/noticias/materias/2004/11/23/frente-parlamentar-em-defesa-do-cinema-sera-lancada-nesta-quarta>. Acesso em: 09 maio 2014.

78   SEMINÁRIO sobre liberdade é promovido pelo Fórum do Audiovisual e Cinema. *Cineclick*. São Paulo, 17 dez. 2004. Disponível em: <http://www.cineclick.com.br/falando-em-filmes/noticias/seminario-sobre-liberdade-e-promovido-pelo-forum-do-audiovisual-e-cinema>. Acesso em: 16 maio 2014.

cia.[79] No entanto, mesmo que não representa a Ancine, o fato de um diretor comparecer a um evento para se posicionar contrariamente ao anteprojeto indica a falta de consenso da Ancine em relação ao anteprojeto da Ancinav.

No dia 13 de janeiro de 2005, foi realizada uma reunião para analisar o anteprojeto de criação da Ancinav na qual participaram os nove ministros membros do CSC e o Presidente da República. Após a reunião, foi comunicado oficialmente que a nova agência teria somente as funções de fomentar e fiscalizar o setor, sendo retirada sua função reguladora. O MinC deveria enviar a versão reduzida do anteprojeto até março de 2005 para o Congresso Nacional. Esta nova versão atendia aos interesses do grupo contrário ao anteprojeto, sobretudo do FAC.

Após esta mudança, Luiz Carlos Barreto declara "O governo não está desistindo de criar a Ancinav, está dizendo que a agência não vai ser reguladora, será fiscalizadora e fomentadora da atividade, que é na verdade o que nós [a FAC] estávamos propondo".[80] Porém, a falta da regulação e de punições que a FAC e outros agentes contrários ao anteprojeto defendiam, elimina o caráter inovador da proposta original feita pelo ministério da Cultura.

O processo de elaboração da nova lei estava previsto para o início de 2005 e contaria com ampla participação da sociedade e de profissionais do setor de comunicações. Assim, foi criado por decreto em 26 de abril de 2005 o Grupo de Trabalho Interministerial, que seria responsável pela elaboração do anteprojeto de Lei de Comunicação Social Eletrônica.

---

79 EVENTO do FAC ataca Ancinav e Gilberto Gil. *Tela Viva News*. São Paulo, 15 dez. 2004. Disponível em: <http://convergecom.com.br/paytv/15/12/2004/evento-do-fac-ataca-ancinav-e-gilberto-gil/>. Acesso em: 16 maio 2014.

80 NOVAES, Tereza. Mudança na Ancinav foi consenso, diz Gil. *Folha de S. Paulo*, São Paulo, 15 jan. 2005. Disponível em: <http://www1.folha.uol.com.br/fsp/brasil/fc1501200510.htm>. Acesso em: 17 maio 2014.

O grupo seria formado pelos ministérios da Cultura, Comunicações, Desenvolvimento, Educação, Justiça, Fazenda, Relações Exteriores, Indústria e Comércio e Secretaria de Comunicação e Gestão Estratégica (Secom), além da Casa Civil que teria um representante da área política e outro da área jurídica. Também seria criado um comitê consultivo composto por especialistas e por entidades ligadas ao setor audiovisual e de comunicação social eletrônica.[81]

A equipe do MinC entendeu a mudança das funções da agência como uma mudança estratégica, na qual o processo seria dividido entre criação da Ancinav para fomento e fiscalização, e criação da lei para regulação do setor.

Com a criação deste grupo e a prioridade em criar a Lei de Comunicação Social Eletrônica, o anteprojeto da Ancinav perde foco nas discussões e acaba não sendo enviado ao Congresso Nacional.

Hipóteses sobre o desfecho da proposta

Foi a combinação de diversos fatores que levou ao revés do anteprojeto de criação da Ancinav. Esse item irá levantar hipóteses sobre o arquivamento do projeto e apontar qual foi sua contribuição para o setor audiovisual nacional.

Divisão do meio cinematográfico

A divisão de opiniões no próprio meio cinematográfico enfraqueceu a proposta, pois o setor não se uniu para defender um interesse comum, e sim para defender interesses pessoais. Esta divisão dificultou os trabalhos do MinC na identificação das demandas do setor e diminuiu a base de apoio da proposta.

---

81 GOVERNO cria grupo para Lei de Comunicação Social Eletrônica. *Tela Viva News*, São Paulo, 27 abr. 2005. Disponível em: <http://www.sulradio.com.br/destaques/destaque_9220.asp>. Acesso em: 03 jun. 2014.

A criação do FAC marcou esta divisão e reuniu importantes figuras do meio no setor de oposição. Os integrantes do FAC contaram com destaque na mídia, e ao serem divulgadas, suas opiniões contribuíram para que o anteprojeto soasse como uma imposição do governo, que não atendia as demandas do setor cinematográfico.

Esta falta de apoio no próprio setor contribuiu para que o anteprojeto não fosse levado adiante, pois associações e agentes que seriam importantes no apoio à proposta se posicionaram contrários.

Pressão dos opositores

O grupo de oposição ao anteprojeto contava com alto poder econômico e político. Dentre a oposição, o setor de radiodifusão e a mídia ligada às grandes corporações de comunicação foram os que mais colaboraram para o arquivamento do anteprojeto.

Os ataques orquestrados pela grande mídia influenciaram negativamente a recepção do anteprojeto. Criou-se um clima de tensão em relação à proposta que foi acusada de autoritária e dirigista, e o governo encontrou pouco espaço para apresentar a proposta e explicar seus objetivos. Considerando o grande impacto que a mídia tem na opinião dos cidadãos, é possível apontá-la como uma forte contribuição para o revés do anteprojeto.

Os serviços de radiodifusão tinham interesses que seriam atingidos caso o anteprojeto fosse aprovado. Assim, optaram por iniciar uma campanha contrária a aprovação, primeiramente atacando o projeto com apoio da mídia, e posteriormente sugerindo modificações no texto da minuta que alterariam os objetivos do projeto, reduzindo suas funções a fomentar e incentivar o setor.

Outro fator que deve ser levado em conta é o poder político dos serviços de radiodifusão, muitos deputados têm interesses diretos na não regulação do setor devido ao controle que exercem nestes meios.

Esta relação é intensificada pelo sistema de concessões de emissoras. As regras estabelecidas para o sistema de concessões fazem com que as concessões pareçam mais com propriedade das emissoras do que com licenças para exploração de serviço público. Como a longa concessão de 15 anos e a dificuldade de cancelar ou cassar o contrato, que só podem ser realizados por meio do Poder Judiciário ou de aprovação de dois quintos dos membros do Congresso Nacional, respectivamente.

Mesmo após o CBT proibir que políticos exerçam cargos de diretor ou gerentes das empresas concessionárias de rádio ou televisão "os políticos utilizavam-se dos mais variados artifícios e obtinham o controle de emissoras de rádio e televisão através de parentes e/ou 'testas de ferro', burlando normas, prazos e planos".[82] Um exemplo escandaloso é a distribuição de concessões durante a ditadura militar no governo do general Figueiredo, que em dois meses autorizou 91 concessões de canais de radiodifusão.

Essa relação entre as concessões e os políticos é o chamado coronelismo eletrônico, que "inclui a relação de clientelismo político entre os detentores do poder público e os proprietários de canais de televisão".[83] Este fato é reforçado a partir da distribuição de retransmissoras afiliadas da Rede Globo. A distribuição das afiliadas encontra atores identificados com este coronelismo e domina o quadro de concessões desta emissora, estreitando sua relação com o governo e aumentando seu poder político.

O anteprojeto não chegou a ser encaminhado para votação no Congresso Nacional, mas se tivesse sido enviado é muito provável que encontrasse forte oposição da bancada dos radiodifusores e que não fosse aprovado.

O governo tinha conhecimento do poder político que este grupo exerce no Congresso Nacional e da dificuldade que o anteprojeto enfren-

---

82 LIMA, Venício Artur de. Op.cit., p. 52.
83 SANTOS, Suzy dos; CAPPARELLI, Sérgio. Op. cit., p. 88.

taria caso fosse à votação. Este também é um fator que colaborou para o não encaminhamento do anteprojeto.

Falta de apoio por parte do governo

Mesmo que fosse uma iniciativa do ministério da Cultura, o anteprojeto foi apresentado como uma proposta do MinC e da Casa Civil. No Seminário organizado para discutir o projeto foi reforçada a participação do governo em sua elaboração.

Por ser um governo novo, o setor tinha esperança de que encontraria apoio político para enfrentar os interesses dos grandes grupos de comunicação no Congresso Nacional. Em entrevista Gustavo Dahl aponta este otimismo:

> (...) quando fui chamado para me apresentarem a Ancinav, a minha proposta era de fazer primeiramente uma crítica política a eles, questionando se o MinC acreditava que ia enfrentar a Rede Globo, a resposta que ouvi era que naquele governo eles iriam enfrentar, então achei que minha avaliação política foi errada.[84]

No entanto, com a repercussão da proposta o governo optou por recuar e solicitar ao MinC a reformulação da proposta, mantendo somente seu caráter fiscalizador e fomentador, atendendo aos interesses do grupo opositor.

O recuo por parte do então governo Lula pode ter sido motivado por alguns fatores, entre eles a falta de apoio interno. Alguns mi-

---

84 DAHL, Gustavo. "Entrevista concedida a Marcus Vinícius Alvarenga". In: ALVARENGA, Marcus Vinícius. *Cineastas e formação da Ancine (1999-2003)*. Dissertação (Mestrado) – Universidade Federal de São Carlos (UFSCar), São Carlos, 2010, p. 140.

nistérios não apoiaram a criação da Ancinav, como o ministério da Justiça, que tinha como ministro Marcio Thomaz Bastos, ministério da Fazenda, cujo ministro era Antônio Palocci Filho (PT-SP) e ministério das Comunicações, com Eunício Oliveira (PMDB-CE). Estes ministérios temiam perder parte de suas funções e de sua importância com a criação da nova agência.

A falta deste apoio institucional contribuiu com o recuo do governo, sobretudo a falta de apoio do ministério das Comunicações, órgão diretamente ligado à proposta de regulação do setor audiovisual. Uma hipótese sobre este posicionamento contrário ao anteprojeto seria devido à perda de poder que o ministério sofreria, já que teria suas funções e orçamento diminuídos.

Também em 2004, antes da divulgação do anteprojeto da Ancinav, o presidente encaminhou ao Congresso Nacional o projeto que previa a criação do Conselho Federal de Jornalismo (CFJ). A proposta foi uma iniciativa da Federação Nacional dos Jornalistas (Fenaj) elaborada em conjunto com os sindicatos dos jornalistas. O Conselho teria funções de "orientar, disciplinar e fiscalizar" as atividades exercidas pelos jornalistas, podendo inclusive puni-los. O objetivo do Conselho era fiscalizar a atividade, garantindo o respeito à ética, já que os jornalistas têm alto poder de influenciar a opinião pública.

Esta proposta também foi alvo de polêmica e enfrentou resistência da grande mídia, o governo também foi acusado de autoritário e de tentar controlar a mídia para utilizá-la a seu favor. Então, quando o anteprojeto da Ancinav foi divulgado foram feitas muitas associações com a proposta do Conselho, o que marcaria uma tentativa dirigista do governo para controlar toda a mídia.

As associações sobre o caráter dirigista da proposta de criação da Ancinav com o CFJ também contribuíram para o enfraquecimento da proposta. Ambas as propostas partiram de demandas do próprio setor, encontraram forte oposição, foram acusadas de autoritárias e acabaram por não serem aprovadas.

O contexto político que o governo estava inserido também não era favorável à defesa do anteprojeto. No fim de 2004 e começo de 2005 começou a ser noticiado pela mídia casos de corrupção e de compra de voto dos parlamentares por meio do pagamento de uma mesada. Este caso que ficou popularmente conhecido como mensalão foi amplamente divulgado pela mídia e foi responsável por iniciar uma crise política no governo Lula.

A polêmica de corrupção envolvendo o governo Lula aconteceu no mesmo período que o anteprojeto da Ancinav deveria ser encaminhado ao Congresso Nacional. Este fato contribuiu para que o presidente optasse por não enviá-lo, já que sabia que essa discussão enfrentaria grande resistência no Congresso e deveria contar com amplo apoio político, o que seria difícil naquele momento.

Devido a esses fatores, é possível perceber que o anteprojeto da Ancinav foi perdendo apoio governamental ao longo do processo. A importância da questão demandava forte apoio institucional, para que o anteprojeto fosse aprovado era necessário que o governo se comprometesse e assumisse sua defesa. Porém, devido aos problemas apontados e a outras prioridades políticas, o anteprojeto perdeu força e acabou não sendo votado.

Problemas da proposta

A proposta de criação da Ancinav apresentava problemas que dificultaram a sua aprovação. Alguns destes problemas foram corrigidos nas versões seguintes do anteprojeto, no entanto mesmo sua terceira versão ainda trazia falhas.

O anteprojeto pretendia atualizar a legislação obsoleta do setor e incorporar as novas formas de transmissão de conteúdo audiovisual. Para isto, o projeto propôs uma legislação ampla que abordava diferentes elos da cadeia audiovisual. Assim, o anteprojeto se tornou uma proposta muito ampla e que tocava diferentes interesses, o que dificultou a negociação de suas propostas e diminuiu o apoio do setor.

Uma situação problemática que a aprovação do anteprojeto causaria é em relação às competências. Faltava uma definição específica de quais seriam as funções da Ancinav, da Anatel em relação à TV por assinatura e do ministério das Comunicações na TV aberta. Esta indefinição também se estendia em relação aos recursos de cada órgão, já que estava previsto a transferência de recursos entre agências.

O objetivo da Ancinav era regular as disposições sobre o conteúdo e a programação dos canais por assinatura, enquanto a Anatel se encarregaria de regular a tecnologia utilizada por estes. No entanto, as definições das funções não estão claras no anteprojeto, como em:

> Art 41: Compete à Ancinav, com relação ao Serviço de TV a Cabo, em especial, a regulamentação e a fiscalização das disposições contidas nos artigos 3º, 7º, 10, 23 a 25, 30 a 32, 35 e 38 da Lei n.º 8.977, de 6 de janeiro de 1995.[85]

O parágrafo 3 do artigo 34: "§ 3º A exploração de atividade cinematográfica e audiovisual será regulada pela Ancinav, inclusive quando realizada por prestadora de serviço de telecomunicações".[86] Nesses dois exemplos as funções da Anatel não estão salientadas, estes artigos deveriam ser seguidos de texto que resguardasse as competências da Agência Nacional de Telecomunicações (Anatel).

---

85 BRASIL. Minuta do Projeto de Lei que dispõe sobre a organização de Atividades Audiovisuais, sobre o Conselho Superior do Audiovisual, a Agência Nacional do Audiovisual e dá outras providências. 3ª ed. 2004, p. 16.

86 *Ibidem*, p. 12.

Falta no anteprojeto explicitar a "diferenciação conceitual e legal entre a regulação de plataformas tecnológicas e a regulação dos serviços de produção e distribuição de conteúdos audiovisuais",[87] objetivo presente na carta de exposição de motivos que acompanha a apresentação do anteprojeto, assim como salientar e respeitar as funções da Anatel nas medidas que incidam sobre os serviços de telecomunicações.

Este problema foi apontado na consulta pública e também pode ter influenciado o posicionamento do ministério das Comunicações, já que a Anatel, agência vinculada a este ministério, tinha suas atribuições ameaçadas.

Também ficaria problemática a subordinação da Ancinav ao ministério da Cultura, já que a agência passaria a ter estrutura e orçamento maior que o ministério, podendo com o passar do tempo assumir suas funções e ficar responsável por planejar e implementar a política audiovisual nacional, o que agregaria um poder muito grande.

A definição de produção independente é quase a mesma da já existente na Ancine que é vaga e pode gerar anomalias, como explica Cristiano Aguiar:

> Contudo, nada é dito sobre composição de capital, domínio de mercado, coligação entre produtoras, etc. Se a Columbia Pictures, por exemplo, estabelecer subsidiária constituída sob as leis brasileiras, com sede e administração no País e com apenas mais que 50% do capital total e votante sob titularidade direta ou indireta de brasileiros, e sem a co-participação de qualquer entidade citada no Art.

---

87 BRASIL. Ministério da Cultura. *Exposição de Motivos*. EM nº 00001/2004. Brasília, 2004.

40, passará a ser uma "produtora independente" de acordo com as regras previstas pelo anteprojeto.[88]

O anteprojeto apresenta temas pertinentes e importantes de serem regulados, no entanto pretendia lidar com muitas questões complexas ao mesmo tempo, o que atrapalhou o desenvolvimento de sua proposta.

Outra falha que o projeto apresentou foi em seu processo de elaboração. Por se tratar de uma proposta que enfrentaria interesses consolidados no meio audiovisual, o governo optou por elaborar a proposta em gabinete, para depois apresentá-la à sociedade para contribuições e modificações. O objetivo era minimizar o impacto dos setores de oposição na elaboração do anteprojeto, no entanto, esta não foi a estratégia adequada como reconhece o então Secretário executivo Juca Ferreira:

> (...) para um projeto de lei de regulação dar certo era preciso fazer uma vasta discussão na sociedade, inclusive com as empresas radiodifusoras. Essa experiência reforçou a ideia, e norteou o ministério nos anos seguintes, de que nada em que acreditamos é certo até que seja aprovado pela sociedade.[89]

A opção por elaborar a proposta primeiro para depois colocá-la em discussão não evitou a pressão da oposição e colaborou para que fosse tachada de autoritária. O ministro Gilberto Gil também reconhece esta falha ao ser questionado sobre o possível caráter autoritário do anteprojeto:

---

88 AGUIAR, Cristiano. "Análise da proposta de criação da Agência Nacional de Cinema e do Audiovisual". *Revista de Economía Política de lasTecnologías de laInformación y Comunicación*, n° 1, vol. 7, 2005, p. 11.

89 FERREIRA, Juca. "Juca Ferreira faz um balanço da cultura no governo Lula, em meio a mobilizações por sua permanência no MinC". In: ALMEIDA, Armando; ALBERNAZ, Maria Beatriz; SIQUEIRA, Mauricio (org.). *Cultura pela palavra*. Rio de Janeiro: Versal, 2013, p. 223.

Não. Esse campo da formulação do direito é sempre um terreno movediço. Uma palavra que você põe ali pode significar intolerância, intervencionismo ou discriminação para uns, e nada disso para outros. O que poderíamos ter feito, e não fizemos, naquele momento era estabelecer essas formulações de uma maneira mais compartilhada. Mas esse é um dos riscos políticos que se corre sempre: se você faz algo compartilhado, corre o risco de não chegar à conclusão devido ao conflito de interesses que há na base. Se tenta interpretar em nome de todos, na melhor confluência de interesses, vira autoritário.[90]

Mesmo que a proposta não apresentasse objetivos autoritários, como foi acusada, a falta de diálogo mais transparente com os setores envolvidos e com a sociedade contribuiu para que não fosse bem recebida.

---

90 GIL, Gilberto. "Uma conversa franca com o músico e ministro da Cultura sobre o controle do audiovisual, cachês estratosféricos, a beleza de Diogo Mainardi e o dia em que os jogadores da seleção se transformaram, literalmente, em canarinhos na Copa". In: ALMEIDA, Armando; ALBERNAZ, Maria Beatriz; SIQUEIRA, Mauricio (org.). *Cultura pela palavra*. Rio de Janeiro: Versal, 2013, p. 149.

3
Desdobramentos e influência da proposta

A proposta de criação da Ancinav pretendia atualizar a regulação do setor audiovisual, integrando-o e criando medidas que visassem seu desenvolvimento e fortalecimento.

A elaboração do anteprojeto de criação da Ancinav reforçava a presença do Estado no incentivo à atividade audiovisual, buscava meios de diminuir o poder acumulado pelo setor de radiodifusão, democratizava o acesso aos meios de produção e difusão de conteúdos e visava permitir que a indústria audiovisual se tornasse autossustentável através do investimento do próprio setor no fomento da atividade.

O anteprojeto também propunha a integração entre cinema e televisão através da difusão e coprodução de conteúdo, que, mesmo sendo fundamental para a indústria audiovisual, ainda não foi consolidada como uma política pública. Até hoje estes setores não são integrados, contando apenas com algumas tentativas isoladas e a Globo Filme, cuja ação evidentemente se limita aos interesses das Organizações Globo.

Também estava proposta a integração do setor audiovisual por meio da cobrança da Condecine de diversos elos da cadeia que seriam destinadas ao Funcinav que fomentaria o setor. Entretanto, atualmente já se faz necessária a elaboração de políticas que visem à integração com estes novos setores, como os serviços de telecomunicações e a Internet. Devido à importância que vêm ganhando, tanto economicamente como em popularidade, a inserção destes setores em uma política conjunta com o cinema e a televisão se mostra estratégica para o fortalecimento da indústria audiovisual nacional.

O caso do anteprojeto de criação da Ancinav evidencia algumas questões do meio audiovisual. Primeiramente a importância da regulação do setor, o cenário da convergência tecnológica e da globalização intensifica a concorrência desleal com o produto estrangeiro, principalmente o norte-americano que conta com vantagens econômicas e tecnológicas. Esta questão não é exclusiva do Brasil, este cenário se impõe a quase todos os países e "é parte integrante do debate sobre as tensões entre liberdade de mercado, qualidade cultural e modos de vida específicos".[1]

Assim, faz-se cada vez mais necessário a criação de regras que permitam o desenvolvimento da produção nacional. Segundo Canclini,[2] "as opções referentes à comunicação audiovisual tornam urgente que as políticas culturais reformulem suas concepções, interrogando-se sobre o que significa interesse público dentro das novas interações entre culturas locais e globalização".

Se o objetivo do país é se afirmar como produtor de conteúdo e não meramente consumidor, como foi defendido pelo então presidente Lula e o ministro da Cultura Gilberto Gil, a regulação do setor audiovisual é fundamental, criando regras que protejam e incentivem a produção nacional.

Como se pode perceber pela polêmica que envolveu o anteprojeto que este é um tema que encontra forte resistência, principalmente dos setores já consolidados e que contam com amplo poder para defender seus interesses.

O revés do anteprojeto da Ancinav não diz respeito ao seu caráter autoritário ou a possibilidade de controlar a produção nacional que o

---

[1] CANCLINI, Nestor Garcia. *Consumidores e cidadãos*. 6ª ed. Rio de Janeiro: Editora da UFRJ, 2006, p.144.

[2] *Ibidem*, p.146.

setor de oposição tanto afirmava. O motivo que levou a não concretização do projeto foi a combinação de fatores como a força de oposição ao anteprojeto, a divisão do meio cinematográfico e do próprio governo e os problemas da proposta, que era muito abrangente.

Essa experiência evidencia que para que a regulação do setor se concretize é necessário mais que um projeto, é necessário negociar com os setores opositores. Uma maneira de fazer esta negociação é por meio da elaboração de uma proposta em conjunto com este setor, no entanto, esta opção poderia resultar em um projeto fraco e sem as funções principais, como o que aconteceu na elaboração do contra-projeto pelo FAC.

Outro modo seria o enfrentamento deste grupo, um governo que estivesse disposto a enfrentar a resistência e as críticas da oposição e dar continuidade ao projeto. O que seria uma tarefa difícil, já que o setor de radiodifusão se desenvolveu com amplo poder político, econômico e social no país. Essa alternativa, além de nunca ter dado certo, necessitaria de apoio no Congresso Nacional.

A alternativa mais interessante seria um projeto que buscasse dialogar com os setores opositores por meio da criação de benefícios, elaborando uma proposta que também apresentasse vantagens para o setor opositor. Evidentemente, a ideia não é elaborar uma proposta que atenda aos interesses desta classe já consolidada, e sim de criar mecanismo que facilitem o debate e a aprovação de um projeto.

Como foi possível perceber na trajetória do anteprojeto da Ancinav, o grupo opositor tem grande força política e será difícil um governo enfrentar a questão sem criar mecanismo para dialogar com o setor, mesmo que o marco regulatório e a reserva de espaço para conteúdo nacional independente e regional sejam fundamentais.

A existência de mecanismos que incentivem a televisão a veicular produção independente e regional facilitaria o diálogo com este setor. A ausência de interesse em coproduzir ou veicular a produção cinematográfica nacional gera problemas, como os que estão surgindo atualmente na França, onde a legislação que prevê o investimento da televisão no cinema começa a deixar de ser interessante para o setor televisivo.

Neste país, o fundo do *Centre National du Cinéma et de l'image animée (CNC)*, destinado ao fomento da atividade audiovisual, é alimentado por taxas que são pagas pela própria indústria do audiovisual, formando um sistema de retroalimentação. As principais taxas que compõem esse fundo são: uma taxa adicional ao preço do ingresso de cinema (11% do preço do bilhete), taxa sobre a receita dos canais de televisão (5,5% sobre o faturamento das televisões) e 2% sobre as vendas e locações de vídeo. Dentre estas taxas a mais importante é a contribuição da televisão, responsável por mais da metade dos recursos do fundo de fomento ao setor audiovisual.

O outro mecanismo gerido pelo CNC é a regulação da difusão de obras na televisão, onde 60% do conteúdo difundido pelos canais de televisão devem ser europeus, e dessa porcentagem 50% deve ser francês. O objetivo de valorizar e difundir a cultura francesa e europeia nas grades de programação dos canais de televisão teve resultado positivo, e a porcentagem de obras francesas e europeias exibidas aumentou por iniciativa dos próprios canais.

Assim, a televisão se torna a principal investidora do cinema, sendo responsável por grande parte do financiamento da produção. No ano de 2000 os canais de televisão juntos foram responsáveis por 45% do financiamento do cinema francês.[3]

A integração entre cinema e televisão proposta pela legislação que inclui coprodução, compra de direitos de difusão e obrigação de veiculação das obras, apresenta resultados positivos tanto para o cinema quanto para a televisão. O cinema se beneficia do investimento, da difusão, valorização e visibilidade dos filmes. Já a televisão investe em obras interes-

---

3   ROGEMONT, Marcel. *Quel avenir pour le cinéma, en France et en Europe.* Paris: Les Documents d'Information de l'Assemblée Nationale, Commission des Affaires Culturelles, vol. 3642, 2002, p. 47.

santes para sua grade de programação, variando de acordo com o perfil de cada canal, e consegue altos pontos de audiência.

No entanto, a audiência dos filmes explorados na televisão vem diminuindo devido às novas formas de consumo, como internet, televisão paga, vídeo etc. Segundo Creton,[4] a queda da audiência dos filmes nos canais de televisão se traduzem por acordos financeiros cada vez mais difíceis de serem realizados, principalmente para determinados tipos de filme. Os canais passam a restringir os critérios de financiamento, selecionando melhor os filmes que vão investir, dando preferência para um pequeno número de filmes com alto orçamento que tem maior possibilidade de fazer sucesso nas salas de exibição, e assim na televisão.

Essa nova situação ocasiona problemas para os filmes de baixo orçamento, que passam a ter dificuldade de encontrar financiamento, e também para a televisão, pois com a queda da audiência dos filmes não é mais interessante investir neste setor. Laurent Creton questiona esta forma de integração entre cinema e televisão:

> Os aportes financeiros dos canais de televisão, que são obrigatórios pelos acordos interprofissionais, constituem uma contribuição essencial para o desenvolvimento do cinema francês, durante vinte anos, mas no fundo, se a tendência se confirmar, quanto tempo mais pode se manter um sistema regulamentário que obrigue os canais de televisão a investir em filmes de cinema cuja audiência é cada vez mais incerta, enquanto outros programas, notadamente telefilmes, programas de auditório e pro-

---

4   CRETON, Laurent. « Cinéma et télévision en France: idiosyncrasies, convergences et recompositions industrielles ». *Le Temps des Médias*, Paris, vol. 6, p. 118-128. Disponível em: <http://www.cairn.info/revue-le-temps-des-medias-2006--1-page-118.htm>. Acesso em: 05 mar. 2014.

gramas de diversão, podem apresentar características de custo, audiência, rentabilidade e fidelização muito mais favoráveis?[5] (Tradução da autora)

Neste contexto, as emissoras francesas passam a criticar o modelo de regulação que as obriga a coproduzir e exibir filmes que não são mais lucrativos para elas, e o setor cinematográfico passa a demandar outros tipos de apoio estatal.

Entre o setor cinematográfico e o setor televisivo, as estruturas de público e os modelos econômicos são tão diferentes que a convergência de interesses que prevaleceu durante quase duas décadas recua: os antagonismos são revividos e os profissionais da produção cinematográfica procuram ativamente, com a ajuda do CNC, novas formas de financiamento.[6]

---

5   Original: « Les apports financiers des chaînes rendus obligatoires par les accords interprofessionnels ont constitué une contribution essentielle au développement du cinéma français, pendant une vingtaine d'années, mais au fond, si la tendance se confirme, combien de temps encore pourrait se maintenir un système réglementaire qui oblige des chaînes de télévision à investir dans des films de cinéma dont l'audience est de plus en plus incertaine, alors que d'autres programmes, notamment les téléfilms, les émissions de plateau et les émissions de divertissement, peuvent présenter des caractéristiques de coût, d'audience, de rentabilité et de fidélisation bien plus favorables? ».
    CRETON, Laurent. "L'évolution de la demande de films à la télévision et ses conséquences sur l'économie du cinéma". In: CLUZEL, Jean (org.). *La télévision a a-t-elle tué le cinéma?* Paris: Presses Universitaires de France, 2005, p. 43.

6   Original: « Entre filière cinématographique et secteur télévisuel, les structures de public et les modèles économiques sont tellement différents que la convergence d'intérêts qui a prévalu pendant presque deux décennies reflue: les antagonismes sont ravivés et les professionnels de la production cinématographique cherchent activement, avec le concours du CNC, de nouvelles sources de financement. ».

O caso francês demonstra a dificuldade de se manter uma regulação que não beneficie ambas as partes. A criação dos mecanismos de incentivo também devem ser levadas em conta para a incorporação de outros setores, como os serviços de telecomunicações e a Internet, que passam a ser os principais mercados exploradores de conteúdo audiovisual, e um setor estratégico para fomentar e difundir a produção audiovisual nacional.

Acredita-se que as medidas propostas pelo anteprojeto da Ancinav visando integrar cinema e televisão tiveram inspiração no modelo francês. Os principais pontos em comum dizem respeito à proteção da produção nacional, incentivo a produção independente e integração entre cinema e televisão. Outros pontos semelhantes foram as medidas que propunham a taxação do setor audiovisual para criar um fundo de investimento no próprio setor e a obrigatoriedade das emissoras de televisão exibirem produções nacionais.

O modelo francês está sendo repensado agora, mas conseguiu estabelecer uma relação interessante entre cinema e televisão que beneficiou ambos os setores. Essa relação poderia ser bem sucedida no Brasil, criando modelos de coprodução e fortalecendo a indústria audiovisual nacional, como foi proposto pelo anteprojeto.

No entanto, com diferentes realidades econômicas, políticas e sociais, não é possível prever se o projeto teria os mesmo resultados no Brasil, já que a proposta enfrentaria outros problemas e desafios que são difíceis de prever sem a experiência prática.

Mesmo não tendo sido aprovado, o anteprojeto da Ancinav foi um marco no setor audiovisual. Por meio da discussão do projeto foram levantadas questões importantes para o setor, como a regulação. O debate

---

CRETON, Laurent. "Cinéma et télévision en France: idiosyncrasies, convergences et recompositions industrielles". *Le Temps Des Médias*, Paris, vol. 6, p. 121. Disponível em: <http://www.cairn.info/revue-le-temps-des-medias-2006-1-page-118.htm>. Acesso em: 05 mar. 2014.

gerado ocupou espaço da mídia e chamou a atenção da sociedade civil e de órgãos do governo, demonstrando a complexidade do tema e as forças que atuam neste setor.

Além do debate gerado, o anteprojeto influenciou a criação de novos projetos que visam democratizar a produção audiovisual e estabelecer relações entre cinema e televisão. É possível perceber relações entre algumas propostas presentes no anteprojeto de criação da Ancinav e a Lei 12.485, conhecida como nova Lei da TV Paga, que entrou em vigor em setembro de 2011.

Esta lei institui mecanismos que estabelecem um novo marco regulatório para o serviço de acesso condicionado. A lei é constituída por várias medidas que abordam importantes questões em relação à exploração deste serviço, entre elas a abertura para a participação do capital estrangeiro e a regulação do serviço independente da tecnologia utilizada, ou seja, a TV por assinatura, via satélite, cabo ou micro-ondas são todas enquadradas na mesma legislação, que substituiu a Lei do Cabo (8.977 de 1995), tornando a regulação mais efetiva e coerente.

Uma das principais medidas dessa lei, e mais controversa, é a reserva de espaço para conteúdo nacional na grade de programação das emissoras. Por meio do Art. 16, ficou estabelecido que os canais devem veicular em horário nobre[7] no mínimo 3h30 semanais de conteúdo nacional, no qual metade deverá ser produzida por produtora brasileira independente.

O Art. 17 estipula que a cada três canais de espaço qualificado existentes no pacote, ao menos um deverá ser canal brasileiro de espaço qualificado, e pelo menos um terço deverá ser programado por programadora brasileira independente. Desses canais, ao menos dois deverão veicular, no mínimo, 12 horas diárias de conteúdo audiovisual brasileiro

---

7   O horário nobre foi definido pela Instrução Normativa 100 e varia de acordo com o canal. Para canais direcionados ao público infanto-juvenil o horário nobre é das 11h as 14h e das 17h as 21h. Para os demais canais é das 18h as 24h.

produzido por produtora brasileira independente, três das quais em horário nobre.

Estas medidas têm o intuito de estimular a produção nacional, integrar as cadeias produtivas, diversificar a programação ofertada e gerar parcerias com a televisão. Este era o mesmo objetivo da proposta de reserva de espaço para conteúdo nacional na grade de programação das televisões abertas que foi proposto no anteprojeto da Ancinav.

A Lei 12.485 também altera a Condecine (Contribuição para o Desenvolvimento da Indústria Cinematográfica Nacional), onde as empresas de telecomunicação que prestam serviço de acesso condicionado também são taxadas. A contribuição deve ser paga anualmente, referente ao tipo serviço prestado, e não por título distribuído. No entanto, a nova Condecine não representa aumento da carga tributária devida pelas empresas, já que foi compensada, na própria Lei 12.485, pela redução de 45% para 33% do percentual incidente na base de cálculo da Taxa de Fiscalização de Funcionamento – TFF.

O produto desta arrecadação, que pode chegar a R$400 milhões, será destinado ao Fundo Setorial do Audiovisual (FSA), fundo que financia as atividades de fomento relativas ao desenvolvimento do setor audiovisual no Brasil. De seu montante de investimento, 30% deve ser destinado a produtoras brasileiras das regiões Norte, Nordeste e Centro-Oeste, e 10% destinado ao fomento da produção independente veiculada primeiramente nos canais comunitários, universitários e de programadoras brasileiras independentes. Pretende-se assim diminuir a concentração da produção nacional do eixo Rio-São Paulo.

As medidas e objetivos da Lei 12.485 encontram identificação com o anteprojeto da Ancinav. A proposta de reservar espaço para o conteúdo nacional com o objetivo de incentivar a produção independente foi uma das propostas que encontrou mais resistência no anteprojeto da Ancinav. No entanto, foi aprovada para a televisão por acesso condicionado, o que evidencia o interesse do governo Lula e sua sucessão nesta proposta e o menor poder político deste grupo, já que a pressão contra a lei foi menor do que a enfrentada pelo anteprojeto da Ancinav.

A nova lei também mantém a proposta de taxar o setor de telecomunicação que explora conteúdo audiovisual para alimentar um fundo de apoio à produção independente, repetindo a mesma lógica de fomento que estava presente na proposta de criação da Ancinav.

Assim, com a aprovação da Lei 12.485 algumas medidas importantes do anteprojeto da Ancinav entram em vigor, ainda que não de forma completa, já que esta proposta incluía também a televisão aberta.

Mesmo não sendo efetivado, o anteprojeto demonstrou reconhecimento por parte do Estado da importância da integração entre televisão e cinema para a consolidação de uma indústria audiovisual.

Estes são alguns motivos que comprovam que a proposta de criação da Ancinav não foi um erro e nem fracassada. Por mais que apresentasse problemas, a proposta era pertinente, abordava temas essenciais para a política pública do audiovisual e gerou importantes frutos para o setor.

O projeto também representou um significativo interesse governamental na questão audiovisual. Esta iniciativa por parte do governo está inserida em um contexto maior de mudança na política cultural adotada para o país, com maior interferência estatal na área da cultura, e consequentemente no audiovisual.

O anteprojeto, inserido neste contexto, pretendia ir além do fomento ao setor audiovisual, e criar bases para que o setor se desenvolva, inserindo mecanismos capazes de rentabilizar o setor, para que o país se afirmasse como produtor de conteúdo.

Pode-se concluir que a proposta de criação da Ancinav foi um projeto inovador que encarou o setor audiovisual de um ponto de vista estratégico, buscando integrá-lo e desenvolve-lo. Suas medidas propunham abrir espaço para produções independentes, proteger e fomentar a produção audiovisual nacional, fazendo com que a indústria audiovisual nacional se fortalecesse e diversificasse.

Por estas características, o anteprojeto da Ancinav representou um momento importante para o setor audiovisual e contribuiu para o desenvolvimento das políticas culturais para o audiovisual nacional.

BIBLIOGRAFIA

Bibliografia de história e teoria do audiovisual e da comunicação

AGUIAR, Cristiano. Análise da proposta de criação da Agência Nacional de Cinema e do Audiovisual. *Revista de Economía Política de las Tecnologías de la Información y Comunicación*, n° 1, vol. 7, 2005.

ALBERNAZ, Maria Beatriz; SIQUEIRA, Mauricio. *Cultura pela palavra*. Rio de Janeiro: Versal, 2013, p. 143 – 159.

AMÂNCIO, Tunico. *Artes e manhas da Embrafilme*. 2ª ed. Niterói: EdUFF, 2011.

_____. "Pacto cinema-Estado: os anos Embrafilme". In: *ALCEU*, Rio de Janeiro, n° 15, vol. 8, p. 173 – 184, jul. 2007.

ANDERSON, Chris. *A cauda longa: Do mercado de massa para o mercado de nicho*. Rio de Janeiro: Campus, 2006, 256 p.

AUGROS, Joël. *El dinero de Hollywood: Financiación, producción, distribuición y nuevos mercados*. Barcelona: Paidos Iberica, 2000, 320 p.

ALVARENGA, Marcus Vinícius. *Cineastas e formação da Ancine (1999-2003)*. Dissertação (Mestrado) – Universidade Federal de São Carlos (UFSCar), São Carlos, 2010, 141 p.

AUTRAN, Arthur. "O pensamento industrial cinematográfico brasileiro: ontem e hoje". In: MELEIRO, Alessandra. (Org.). *Cinema e mercado*. 1ª ed, São Paulo: Escrituras, 2010, p. 15 – 35.

_____. *O pensamento industrial cinematográfico brasileiro*. 2004. 283 p. Tese (Doutorado) – Universidade Estadual de Campinas, Curso de Multimeios, Departamento de Instituto de Artes, Campinas, 2004.

_____. "A questão da indústria cinematográfica brasileira na primeira metade do século XX". *Revista Mnemocine*, 2008. Disponível em: <http://www.mnemocine.com.br/index.php/cinema-categoria/24--histcinema/92-a-questao-da-industria-cinematografica-brasileira--na-primeira-metade-do-seculo>. Acesso em: 21 mar. 2014.

_____. "Brevíssimo panorama do Cinema Brasileiro nos anos 90". *Revista Mnemocine*, 2008. Disponível em: <http://www.mnemocine.com.br/index.php/cinema-categoria/24-histcinema/98-arthur-autran>. Acesso em: 21 mar. 2014.

_____; GATTI, André. "As políticas cinematográficas na Argentina: entrevista com Octavio Getino". *Imagofagia*, Buenos Aires, nº 5, 2012. Disponível em: <http://www.asaeca.org/imagofagia/sitio/index.php?option=com_content&view=article&id=191%3Aas--politicas-cinematograficas-na-argentina-entrevista-com-octavio--getino&catid=44&Itemid=108>. Acesso em: 22 mar. 2014.

BENHAMOU, Françoise; GERGAUD, Olivier; MOUREAU, N. "Les stratégies de différenciation des produits par la télévision. Une analyse économétrique des caractéristiques des films financés par les chaînes", *Economie et prévision*, nº 188, p. 101-112, 2009.

BERNADET, Jean-Claude. *Cinema brasileiro: propostas para uma história*. São Paulo: Companhia de Bolso, 2009.

BOLAÑO, César Ricardo Siqueira. *Qual a lógica das políticas de comunicação no Brasil?* São Paulo: Paulus, 2007.

BONNELL, René. *La vingt-cinquiéme image : une économie de l'audiovisuel*. Paris : Gallimard, 2001.

_____. *Le financement de la production et de la distribution cinématographiques : à l'heure du numérique*. Paris: Centre National du Cinéma et de l'image animée, 2013.

BRITTOS, Valério Cruz. *Rede Globo: 40 anos de hegemonia e poder*. São Paulo: Paulus, 2005.

BUCCI, Eugênio. *Em Brasília, 19 horas: a guerra entre a chapa-branca e o direito à informação no primeiro governo Lula*. Rio de Janeiro: Editora Record, 2008.

BUTCHER, Pedro. *A dona da história: Origens da Globo Filmes e seu impacto no audiovisual brasileiro*. Dissertação (Mestrado) – Universidade Federal do Rio de Janeiro (UFRJ), Rio de Janeiro, 2006, 115 p.

CALABRE, Lia. "Desafios à construção de políticas culturais: balanço da gestão Gilberto Gil". *Revista Proa*, Campinas, nº 1, vol. 1, 2009.

_____. "Política cultural no Brasil: um histórico". In: CALABRE, Lia. *Política cultural no Brasil: um histórico*. Rio de Janeiro: Edições Casa de Rui Barbosa, 2005, p. 9 – 20.

CANCLINI, Nestor Garcia. *Consumidores e cidadãos*. 6ª Ed. Rio de Janeiro: Editora da UFRJ, 2006, 227 p.

CESÁRIO, Lia Bahia. *Uma análise do campo cinematográfico brasileiro sob a perspectiva industrial*. Dissertação (Mestrado) – Universidade Federal Fluminense (UFF), Niterói, RJ, 183 p.

CHANIAC, Régine; JÉZÉQUEL, Jean-Pierre. *Télévision et cinéma: le désenchantement*. Paris: Nathan, 1998, 255 p.

CLUZEL, Jean. *Propos impertinents sur le cinéma français*. Paris: Presses Universitaires de France, 2003, 248 p.

CONSEIL SUPÉRIEUR DE L'AUDIOVISUEL. *Les décrets quotas*. Les brochures du CSA, 1998.

COSTA, Eliane. *Com quantos gigabytes se faz uma jangada, um barco que veleje: o Ministério da Cultura, na gestão Gilberto Gil, diante do cenário das redes e tecnologias digitais*. Dissertação (Mestrado) – Fundação Getúlio Vargas (FGV), Rio de Janeiro, 2011, 204 p.

CRETON, Laurent. "Cinéma et télévision en France: idiosyncrasies, convergences et recompositions industrielles". *Le Temps des Médias*, Paris, vol. 6, p.118 – 128. Disponível em: <http://www.cairn.info/revue-le-temps-des-medias-2006-1-page-118.htm>. Acesso em: 05 mar. 2014.

_____. «L'évolution de la demande de films à la télévision et ses conséquences sur l'économie du cinéma». In: CLUZEL, Jean (Org.). *La télévision a a-t-elle tué le cinéma?* Paris: Presses Universitaires de France, 2005, Cap. 6, p. 39 – 48.

_____. *Cinéma et marché*. Paris: Armand Colin, 1997.

_____. *Économie du cinema: perspectives stratégiques*. Paris: Armand Colin, 2005.

_____. *Cinéma et stratégies; économie des interdépendances*. Paris: Théorème, 2008.

_____. *Le cinéma à l'épreuve de la télévision*. Paris: Ed. du CNRS, 2003.

_____. *Le Cinéma et l'argent*. Paris: Nathan, 2000.

_____. *Cinéma et (in)dependence*. Paris : Presses Sorbonne Nouvelle, 1998.

_____. *L'économie du cinema em 50 fiches*. Paris: Armand Colin, 2008.

DAHL, Gustavo. *A Re-Politização do Cinema Brasileiro*. Discurso de Abertura do III Congresso Brasileiro de Cinema, Porto Alegre, 2000.

_____. "Entrevista concedida a Marcus Vinícius Alvarenga". In: ALVARENGA, Marcus Vinícius. *Cineastas e formação da Ancine (1999-2003)*. Dissertação (Mestrado) – Universidade Federal de São Carlos (UFSCar), São Carlos, 2010, p. 129 – 141.

DEBBASCH, Charles; GUEYDON, Claude. *Cinéma et télévision*. Aix-en-Provence : Economica, 1992.

FARCHY, Joëlle. *Le cinéma déchaîné: Mutation d'une industrie*. Paris: Presses du CNRS, 1992, p. 230.

FERREIRA, Juca. "Na cultura, o século XXI é o século do Brasil". In: ALMEIDA, Armando; ALBERNAZ, Maria Beatriz; SIQUEIRA, Mauricio (Orgs.). *Cultura pela palavra*. Rio de Janeiro: Versal, 2013. p. 210 – 220.

_____. "Ancinav: omissão ou missão?". In: ALMEIDA, Armando; ALBERNAZ, Maria Beatriz; SIQUEIRA, Mauricio (orgs.). *Cultura pela palavra*. Rio de Janeiro: Versal, 2013, p. 47 – 56.

_____. "Juca Ferreira faz um balanço da cultura no governo Lula, em meio a mobilizações por sua permanência no MinC". In: ALMEIDA, Armando; ALBERNAZ, Maria Beatriz; SIQUEIRA, Mauricio (orgs.). *Cultura pela palavra*. Rio de Janeiro: Versal, 2013, p. 220 – 224.

GATTI, André Piero. *A distribuição comercial cinematográfica*. São Paulo: Centro Cultural São Paulo, 2008.

_____. *Embrafilme e o cinema brasileiro*. São Paulo: Centro Cultural São Paulo, 2008.

_____. *A exibição cinematográfica: ontem, hoje e amanhã*. São Paulo: Centro Cultural São Paulo, 2008.

GETINO, Octavio. *Cine iberoamericano – Los desafios delnuevosiglo*. Buenos Aires: INCAA/CICCUS, 2007.

GIL, Gilberto. "Aula Magna na USP – Universidade de São Paulo". In: ALMEIDA, Armando; ALBERNAZ, Maria Beatriz; SIQUEIRA, Mauricio (orgs.). *Cultura pela palavra*. Rio de Janeiro: Versal, 2013, p. 302.

_____. "Palestra no Instituto Rio Branco". In: ALMEIDA, Armando; ALBERNAZ, Maria Beatriz; SIQUEIRA, Mauricio (orgs.). *Cultura pela palavra*. Rio de Janeiro: Versal, 2013, p. 338 – 352.

_____. "Pronunciamento na Comissão de Educação, Cultura e Desporto – Câmara dos Deputados". In: ALMEIDA, Armando; ALBERNAZ, Maria Beatriz; SIQUEIRA, Mauricio (orgs.). *Cultura pela palavra*. Rio de Janeiro: Versal, 2013, p. 244 – 257.

_____. "Solenidade de transmissão do cargo". In: ALMEIDA, Armando; ALBERNAZ, Maria Beatriz; SIQUEIRA, Mauricio (orgs.). *Cultura pela palavra*. Rio de Janeiro: Versal, 2013, p. 229 – 234.

_____. "Uma conversa franca com o músico e ministro da Cultura sobre o controle do audiovisual, cachês estratosféricos, a beleza de Diogo Mainardi e o dia em que os jogadores da seleção se transformaram, literalmente, em canarinhos na Copa". In: ALMEIDA, Armando; ALBERNAZ, Maria Beatriz; SIQUEIRA, Mauricio (orgs.). Cultura pela palavra. Rio de Janeiro: Versal, 2013, p. 149.

GOMES, Itania Maria Mota. "O Jornal Nacional e as estratégias de sobrevivência econômica e política da Globo no contexto da ditadura militar". In: *Revista Famecos*, nº 2, vol. 17, 2010, p. 5 – 14.

IANNI, Octavio. *Teorias da globalização*. Rio de Janeiro: Civilização Brasileira, 2000.

GUSMÃO, Milene de Cássia Silveira. *Dinâmicas do Cinema no Brasil e na Bahia: trajetórias e práticas do século XX ao XXI*. Tese (Doutorado) – Universidade Federal da Bahia (UFBA), Curso de Ciências Sociais, Faculdade de Filosofia e Ciências Humanas, Salvador, 2006.

IKEDA, Marcelo. "Crônica de uma Separação: as políticas públicas para o audiovisual e o estímulo à produção independente". *Revista de Economía Política de las Tecnologías de la Información y Comunicación*, n° 3, vol. 14, 2012.

_____. *Lei da ANCINE comentada*. Rio de Janeiro: WSET Multimídia, 2012.

_____. *O modelo das leis de incentivo fiscal e as políticas públicas cinematográficas a partir da década de noventa*. Dissertação (Mestrado) – Universidade Federal Fluminense (UFF), Niterói, 2011, 216 p.

JOHNSON, Randal. *The film industry in Brazil: culture and the State*. Pittsburgh, University of Pittsburgh Press, 1987.

JENKINS, Henry. *Cultura da convergência*. São Paulo: Aleph, 2009.

_____. "Ascensão e queda do cinema brasileiro". *Revista da USP*, São Paulo, n° 19, p.31 – 49, out. 1993.

KUROKI ITO, Carlos Eduardo. *Regulamentação da TV no Brasil: interesses da sociedade e aberturas participativas*. Dissertação (Mestrado) – Faculdade Cásper Líbero, São Paulo, 2009, 83 p.

LIMA, Venício Artur de. *Regulação das comunicações: história, poder e direitos*. São Paulo: Paulus, 2011.

MANEVY, Alfredo. "Dez mandamentos do Ministério da Cultura nas gestões Gil e Juca". *Cadernos Cenpec*, São Paulo, vol. 7, 2010, p. 104 – 115.

MARSON, Melina Izar. *Cinema e políticas de Estado: da Embrafilme à Ancine*. São Paulo: Escrituras, 2009, vol. 1, 239 p.

MASSAROLO, João Carlos; ALVARENGA, Marcus Vinícius T. *Franquia transmídia: o futuro da Economia Audiovisual nas mídias sociais*. In: INTERCOM, XXXIII, 2010, Caxias do Sul. Anais, 2010, p. 1 – 16.

MATTELART, Armand. *A globalização da comunicação*. Bauru: EDUSC, 2000.

_____. "Mundialização, Cultura e Diversidade". *Revista Famecos*, Porto Alegre, nº 31, p. 12 – 19, 2006.

MATTOS, Sérgio. *História da televisão brasileira: uma visão econômica, social e política*. Petrópolis: Editora Vozes, 2010.

MÉLAINE, Roche. *Directive "télévision sans frontières" enjeux, stratégies et analyses juridiques*. Paris: Université Sorbonne Nouvelle Paris 3, 2004.

MELEIRO, Alessandra (org.). *Cinema e mercado*. São Paulo: Escrituras, 2010, vol. 3, 175 p.

_____ (org.). *Cinema e economia política*. São Paulo: Escrituras, 2009, vol. 2, 191 p.

_____ (org.). *Cinema no mundo: indústria, política e mercado*. São Paulo: Escrituras, 2007, vol. 5, 293 p.

NAGIB, Lúcia. *O cinema da retomada: depoimentos de 90 cineastas dos anos 90*. São Paulo: Editora 34, 2002.

NUSSBAUMER, Gisele Marchiori (org.). *Teorias e políticas da cultura: visões multidisciplinares*. Salvador: EDUFBA, 2007, 256 p.

RAMOS, José M. O. *Cinema, Estado e lutas culturais: anos 50, 60, 70*. Rio de Janeiro: Paz e Terra, 1983.

_____. *Cinema, televisão e publicidade: cultura popular de massa no Brasil nos anos 1970-1980*. São Paulo: Annablume, 2004.

RAMOS, Murilo César. "A força de um aparelho privado de hegemonia". In: BRITTOS, Valério Cruz; BOLAÑO, César Ricardo Siqueira (orgs.). *Rede Globo: 40 anos de hegemonia e poder*. São Paulo: Paulus, 2005, p. 57 – 76.

ROGEMONT, Marcel. *Quel avenir pour le cinéma, en France et en Europe*. Paris: Les Documents d'Information de l'Assemblée Nationale, Commission des Affaires Culturelles, vol. 3642, 2002.

RUBIM, Antônio Albino Canelas. "Políticas culturais do governo Lula/Gil: desafios e enfrentamentos". *Intercom – Revista Brasileira de Ciências de Comunicação*, São Paulo, n° 1, vol. 31, jan. 2008, p. 183-203.

_____; BARBALHO, Alexandre. *Políticas culturais no Brasil*. Salvador: EDUFBA, 2007.

_____; ROCHA, Renata (orgs.). *Políticas culturais*. Salvador: EDUFBA, 2012.

_____ (org.). *Políticas culturais no governo Lula*. Salvador: EDUFBA, 2010.

SANTOS, Suzy dos; CAPPARELLI, Sérgio. "Coronelismo, radiodifusão e voto: a nova face de um conceito". In: BRITTOS, Valério Cruz; BOLAÑO, César Ricardo Siqueira (orgs.). *Rede Globo: 40 anos de hegemonia e poder*. São Paulo: Paulus, 2005, p. 77 – 101.

SENADORA prevê que jogo será pesado no Congresso. *O Estado de S. Paulo*. São Paulo, 18 dez. 2004. Disponível em: <http://www.observatoriodaimprensa.com.br/news/imprimir/28999>. Acesso em: 09 maio 2014.

SILVEIRA, Sara. "Entrevista concedida a Jean-Claude Bernadet". In: BERNADET, Jean-Claude. *Cinema Brasileiro: propostas para uma história*. 2ª ed. São Paulo: Companhia das Letras, 2009. p. 274 – 283.

SILVEIRA, Simone Caldas F. da. *A reação da mídia ao projeto Ancinav*. Trabalho de conclusão de Curso – Universidade de Brasília, Aperfeiçoamento em Mídia e Política, Brasília, jul. 2005.

SIMIS, Anita. "A política cultural como política pública". In: RUBIM, Antonio Albino Canelas; BARBALHO, Alexandre. *Políticas culturais no Brasil*. Salvador: EDUFBA, 2007, p. 133 – 156.

_____. *Estado e cinema no Brasil*. São Paulo: Annablume, 2008.

_____. *TV por assinatura e produção independente*. In: CONGRESSO INTERNACIONAL DA LASA, XXII. Miami, 2000.

SIMÕES, Inimá. *A nossa TV brasileira: por um controle social da televisão*. São Paulo: SENAC, 2004.

Bibliografia de Fontes Primárias

III CONGRESSO BRASILEIRO DE CINEMA. *Relatório Final*. Porto Alegre, 01 jul. 2000. Disponível em: <http://www.cinemabrazil.com/congresso/relatorio.htm>. Acesso em: 31 maio 2014.

A ANCINAV e todos nós. *Sinopse*. São Paulo, vol. 6, nº 10, dez. 2004.

BEZERRA, Júlio. "Os capítulos finais da polêmica ANCINAV". *Revista de Cinema*. São Paulo, nº 51, vol. 5, jan. 2005.

BEZERRA, Júlio. "Novos rumos para a Ancine". *Revista de Cinema*. São Paulo, nº 56, vol. 56 jul. 2005.

BLOCO Unido. *Tela Viva*. São Paulo, nº 144, vol. 13, nov. 2004.

BOCCATO, Paulo. *Lista de discussão CINEMABRAZIL*. 22 dez. 2004. Disponível em: <http://cinemabrasil.org.br/site02/debate.htm>. Acesso em: 14 de mar. 2014.

BRASIL. Casa Civil. *Constituição da República Federativa do Brasil*. Brasília, 1988.

_____. Casa Civil. Lei 4.117. *Institui o Código Brasileiro de Telecomunicações*. Brasília, 1962.

_____. Casa Civil. Lei 8.685. *Cria mecanismos de fomento à atividade audiovisual e dá outras providências*. Brasília, 1993.

_____. Casa Civil. *Exposição de Motivos*. EM nº 00001/2004. Brasília, 2004.

_____. Ministério da Cultura. *Exposição de Motivos*. EM nº 00001/2004. Brasília, 2004.

_____. *Minuta do Projeto de Lei que dispõe sobre a organização de Atividades Cinematográficas e Audiovisuais, sobre o Conselho Superior do Cinema, a Agência Nacional do Cinema e do Audiovisual e dá outras providências*. 1. ed. 2004.

_____. *Minuta do Projeto de Lei que dispõe sobre a organização de Atividades Cinematográficas e Audiovisuais, sobre o Conselho Superior do Cinema, a Agência Nacional do Cinema e do Audiovisual e dá outras providências*. 2. ed. 2004.

_____. *Minuta do Projeto de Lei que dispõe sobre a organização de Atividades Audiovisuais, sobre o Conselho Superior do Audiovisual, a Agência Nacional do Audiovisual e dá outras providências*. 3. ed. 2004.

_____. Frente parlamentar em defesa do cinema será lançada nesta quarta. *Agência Senado*. Brasília,. 23 nov. 2004. Disponível em: <http://www12.senado.gov.br/noticias/materias/2004/11/23/frente-

-parlamentar-em-defesa-do-cinema-sera-lancada-nesta-quarta>. Acesso em: 09 maio 2014.

BRANT, Leonardo. *Proposta encaminhada atráves do sistema de consulta do Ministério da Cultura.* Disponível em: <http://www.midiativa.tv/direitos/propostancinav.pdf>, p. 10 – 11.

CARVALHO, Eduardo. *A "noite do delete", ou quando a Ancinav reduziu--se a Ancine.* 2007. Entrevista com o cineasta Orlando Senna. 17 jul. 2007. Disponível em: <http://www.cartamaior.com.br/?/Editoria/Midia/A-noite-do-delete-ou-quando-a-Ancinav-reduziu-se-a-Ancine/12/13738>. Acesso em: 24abr. 2013.

CENTRE NATIONAL DU CINÉMA ET DE L'IMAGE ANIMÉE. *L'économie des films français.* Paris, 2013. 103 slides, color. Disponível em: <http://www.cnc.fr/c/document_library/get_file?uuid=3742767b-6d9d-44e6-9639-c04082b14611&groupId=18>. Acesso: 11 jan. 2014.

_____. Le Compte de Soutien du CNC en 2009. *La Lettre*, n° 61, Paris, fev. 2009, p. 7.

CONSEIL DE L'EUROPE. *Les obligations des radiodiffuseurs d'investir dans la production cinématographique.* Paris: Conseil de L'europeEds, 2006.

CONSEIL SUPÉRIEUR DE L'AUDIOVISUEL. *Les chiffres clés de la production cinématographique en 2012.* Paris, 2013. 29 slides, color. Disponível em: <http://www.csa.fr/content/download/42602/474941/file/chiffres_cles_2012_cinéma.pdf>. Acesso: 10 jan. 2014.

_____. *Réflexion sur 20 ans d'obligations de diffusion et de production audiovisuelles.* Paris, 2013, p. 11. Disponível em: < http://www.csa.fr/content/download/16649/310134/file/csa_20_ans_obl_diff_prod_audiovisuelles.pdf >. Acesso: 18 jan. 2014.

DA-RIN, Silvio. "Dez anos de políticas públicas para o audiovisual brasileiro". *Revista Observatório Itaú Cultural*. São Paulo, n° 10, set. 2010.

DAHL, Gustavo. "Entrevista concedida a Israel do Vale". In: VALE, Israel do. Gustavo Dahl quer "intervenção na área de distribuição". *Cultura e Mercado*, 15 out. 2003. Disponível em <http://www.culturaemercado.com.br/noticias/gustavo-dahl-quer-intervencao-na-area-de-distribuicao/>. Acesso em: 22 maio 2014.

DIEGUES, Cacá. *Lista de discussão CINEMABRAZIL*. 13 ago. 2004. Disponível em: <http://www.cinemabrazil.com.br/pipermail/cinemabrasil/2004-August/006366.html>. Acesso em: 13 de mar. 2014.

_____. "Um desastre conceitual e técnico". *O Globo*. Rio de Janeiro, 6 ago.2004. Disponível em: <www.observatoriodaimprensa.com.br/artigos.asp?cod=289ASP008>. Acesso em: 29 mar. 2013

E A ANCINAV, sai?. *Tela Viva*. São Paulo, vol. 14, n° 146, jan. 2005.

ENFIM a Ancinav?. *Tela Viva*. São Paulo, vol. 13n n° 140, jul. 2004.

EVENTO do FAC ataca Ancinav e Gilberto Gil. *Tela Viva News*. São Paulo, 15 dez. 2004. Disponível em: <http://convergecom.com.br/paytv/15/12/2004/evento-do-fac-ataca-ancinav-e-gilberto-gil/>. Acesso em: 16 maio 2014.

FARIAS, Roberto. *Lista de discussão CINEMABRAZIL*. 22 out. 2004. Disponível em: <http://www.cinemabrazil.com.br/pipermail/cinemabrasil/2004-October/006911.html>. Acesso em: 14 de mar. 2014.

FÓRUM do cinema e TV é oficializado em São Paulo. *Tela Viva News*. São Paulo, 22 nov. 2004. Disponível em:<http://www.telaviva.com.br/22/11/2004/forum-do-cinema-e-tv-e-oficializado-em-sao-paulo/tl/50294/news.aspx>. Acesso em: 15 ago. 2013.

GOVERNO cria grupo para Lei de Comunicação Social Eletrônica. *Tela Viva News*, São Paulo, 27 abr. 2005. Disponível em: <http://www.sulradio.com.br/destaques/destaque_9220.asp>. Acesso em: 03 jun. 2014.

GOVERNO encerra parceria PIC-TV. *O Estado de S. Paulo*, São Paulo, 26 abr. 2001. Caderno 2. Disponível em: <http://cultura.estadao.com.br/noticias/cinema,governo-encerra-parceria-pic-tv,20010426p1913>. Acesso em: 10 maio 2014. Internet Archive: Wayback Machine. Disponível em: <http://archive.org/web/>.

GUIMARÃES, Fabrício. "Mais tempo para o debate". *Revista Produção Profissional*, nº 34, out. 2004.

JABOR, Arnaldo. "Ai, que saudades do comunismo!" *O Estado de S. Paulo*, São Paulo, 17 ago. 2004.

LAUTERJUNG, Fernando; POSSEBON, Samuel. Ancinav do B. *Tela Viva*, São Paulo, nº 143, vol. 13, out. 2004.

LEAL, Hermes. Declaração pública. *Revista de Cinema*. São Paulo, nº 49, vol. 5, nov. 2004.

LEITÃO, Miriam. Adeus, Lênin. *O Globo*. Rio de Janeiro, 07 ago. 2004.

LISTA de proponentes. Ministério da Cultura. Acesso em: 10 maio 2014. Internet Wayback Machine. Disponível em: <http://web.archive.org/web/20041215002616/http://www.cultura.gov.br/projetoancinav/artigoseopinioes/lista_proponentes.php>

LUISI, Ana Maria. *Proposta encaminhada atráves do sistema de consulta do Ministério da Cultura*. Disponível em: <http://www.midiativa.tv/direitos/propostancinav.pdf>, p. 9.

LYRA, Marcelo. "Ancinav: necessária pra garantir o futuro do cinema brasileiro". *Revista de Cinema*. São Paulo, nº 48, vol. 5, out. 2004

MACEDO, Felipe.; SEABRA, Carlos. *Proposta encaminhada através do sistema de consulta do Ministério da Cultura.* Disponível em: <http://www.midiativa.tv/direitos/contribuicoes.pdf>, p. 241 – 245. Acesso em: 17 mar. 2014.

MARANHÃO, Pedro. *Proposta encaminhada através do sistema de consulta do Ministério da Cultura.* Disponível em: <http://www.midiativa.tv/direitos/contribuicoes.pdf>, p. 13 – 15. Acesso em: 16 mar. 2014.

MARINS, Marcos Manhães. *Lista de discussão CINEMABRAZIL.* 22 out. 2004. Disponível em: <http://www.cinemabrazil.com.br/pipermail/cinemabrasil/2004-October/006911.html>. Acesso em: 14 de mar. 2014.

_____. *Lista de discussão CINEMABRAZIL.* 22 out. 2004. Disponível em: <http://www.cinemabrazil.com.br/pipermail/cinemabrasil/2004-October/006917.html>. Acesso em: 15 de mar. 2014.

MEDEIROS, Fernanda. "Artistas e intelectuais criticam criação da ANCINAV". *O Globo,* Rio de Janeiro, 16 dez. 2004.

MELO, Jussara Costa; TÁPIAS, Camilla Tedeschi de Toledo. *Proposta encaminhada através do sistema de consulta do Ministério da Cultura.* Disponível em: <http://www.midiativa.tv/direitos/propostancinav.pdf>, p. 267 – 271.

MERMELSTEIN, André; ZANATTA, Carlos Eduardo. "Fim ou recomeço?" *Tela Viva,* São Paulo, nº 133, vol. 12, p.12-18, nov. 2003.

_____. "Divergência explícita". *Tela Viva.* São Paulo, nº 145, vol. 13, dez. 2004.

MINISTÉRIO das Relações Exteriores (MRE). *Discurso do Presidente da República, Luiz Inácio Lula da Silva, na Cerimônia de Lançamento do Programa Brasileiro de Cinema e Audiovisual,* 2003.

MINC diz que proposta da Ancinav corrige distorções. *Tela Viva*. São Paulo, 30 ago. 2004. Disponível em: <http://convergecom.com.br/paytv/30/08/2004/minc-diz-que-proposta-da-ancinav-corrige-distorcoes/>. Acesso em: 10 maio 2014.

MUDANÇA para Ancinav vai demorar, diz diretor. *Portal Terra*. São Paulo, 11 nov. 2003. Cinema. Disponível em: <http://cinema.terra.com.br/noticias/0,,OI209011-EI1176,00-Mudanca+para+Ancinav+vai+demorar+diz+diretor.html>. Acesso em: 15 maio 2014.

NOVAES, Tereza. "Cineastas e produtores se dividem em relação à retirada da regulação do projeto da agência do audiovisual". *Folha de S. Paulo*, São Paulo, 15 jan, 2005.

OBSERVATÓRIO Brasileiro do Cinema e do Audiovisual. *Tempo de Programação Efetiva na TV Aberta*. Brasília. 2009.

_____. *Origem das obras de Longa-Metragem exibidas na TV aberta por emissora*. Brasília. 2009.

NOVAES, Tereza. "Mudança na Ancinav foi consenso, diz Gil". *Folha de S. Paulo*. São Paulo, 15 jan. 2005. Disponível em: <http://www1.folha.uol.com.br/fsp/brasil/fc1501200510.htm>. Acesso em: 17 maio 2014.

PROPOSTAS da ABPI e ARTV. *Proposta encaminhada diretamente por e-mail ao Ministério da* Cultura. Internet Machine. Disponível em: <http://web.archive.org/web/20041214221511/http://www.cultura.gov.br/projetoancinav/arquivos/contribuicoes_em_anexos_de%20e--mail.pdf>.

RANGEL, Rodrigo. "Lula promete ajudar a valorizar cultura nacional". *Jornal O Globo*, Rio de Janeiro, 7 jul. 2004. Disponível em <http://www.intercom.org.br/papers/nacionais/2007/resumos/R1059-2.pdf>. Acesso em: 07 jun. 2014.

RODRIGUES, Carlos Eduardo. *Lista de discussão CINEMABRAZIL*. 22 dez. 2004. Disponível em: <http://cinemabrasil.org.br/site02/debate.htm>. Acesso em: 14 de mar. 2014.

SALLES, Murilo. "Ancinav: unir para democratizar". *Jornal do Brasil*, Rio de Janeiro, 30 ago. 2004.

_____. *Lista de discussão CINEMABRAZIL*. 12 ago. 2004. Disponível em: <http://www.cinemabrazil.com.br/pipermail/cinemabrasil/2004-August/006362.html>. Acesso em: 13 mar. 2014.

SEMINÁRIO "*Agência Nacional do Cinema e Audiovisual – ANCINAV e o fortalecimento da produção audiovisual brasileira*", Brasília: Congresso Brasileiro de Cinema; Casa Civil da Presidência da República; Ministério da Cultura; Faculdade de Comunicação da Universidade de Brasília, 2004, 160 p.

SEMINÁRIO examina relação da produção cultural com estrangeiro. *Folha de S. Paulo*, São Paulo, 12 fev. 2004. Disponível em: <http://www1.folha.uol.com.br/folha/ilustrada/ult90u41414.shtml>. Acesso em 07 jun. 2014.

SEMINÁRIO sobre liberdade é promovido pelo Fórum do Audiovisual e Cinema. *Cineclick*. São Paulo, 17 dez. 2004. Disponível em: <http://www.cineclick.com.br/falando-em-filmes/noticias/seminario-sobre--liberdade-e-promovido-pelo-forum-do-audiovisual-e-cinema>. Acesso em: 16 maio 2014.

SOUZA, Ana Paula; LÍRIO, Sérgio. "A Rede Globo ganha outra". *Carta Capital*, São Paulo, nº 326, 26 jan. 2005.

SUZUKI, Matinas. *Proposta encaminhada através do sistema de consulta do Ministério da Cultura*. Disponível em: <http://www.midiativa.tv/direitos/propostancinav.pdf>, p. 112 – 118.

UM DESASTRE de lei. *Veja*, São Paulo, n° 1875, 13 abr. 2004. Disponível em: < http://veja.abril.com.br/131004/p_120.html>. Acesso em: 15 maio 2014.

VILLALBA, Patrícia. "Cada grupo aponta um 'golpe'". *O Estado de S. Paulo*, São Paulo, 18 dez. 2004.

VIVO. *Proposta encaminhada através do sistema de consulta do Ministério da Cultura*. Disponível em: <http://www.midiativa.tv/direitos/contribuicoes.pdf>, p. 136 – 138. Acesso em: 17 mar. 2014.

ZANATTA, Carlos Eduardo; POSSEBON, Samuel. "O projeto é da sociedade". *Tela Viva*, São Paulo, n° 13, vol. 142, set. 2004, p. 14 – 21.

Filmografia

A POLÍTICA do cinema. Direção de Arthur Autran. São Carlos: UFSCar, 2011. Son., color.

Sites Consultados

http://www.cinemabrazil.com.br

http://www.ancine.gov.br

http://www.cultura.gov.br

http://www.acervo.folha.com.br

http://www.cinemateca.com.br

http://www.contracampo.com.br

http://globofilmes.globo.com

http://www.telaviva.com.br

AGRADECIMENTOS

Agradeço à Fundação de Amparo à Pesquisa (FAPESP) que possibilitou o desenvolvimento desta pesquisa durante o mestrado e auxiliou a sua publicação.

Agradeço ao meu orientador Prof. Dr. Arthur Autran Franco de Sá Neto por acreditar no projeto e não medir esforços para que ele fosse realizado da melhor maneira.

Agradeço ao Programa de Pós-graduação em Imagem e Som da Universidade Federal de São Carlos, onde esta pesquisa foi desenvolvida. E aos professores e colegas da graduação e pós-graduação da Imagem e Som, que contribuíram para meu crescimento e me inspiraram.

Agradeço à Cinemateca Brasileira e a Agência Nacional do Cinema por permitirem o acesso a seus materiais. Agradeço a Profa. Dra. Chantal Duchet por ter me recebido e me orientado no desenvolvimento da minha pesquisa na Université Sorbonne Nouvelle Paris 3.

Ao Arthur, por sua dedicação e paciência sem fim.

E por fim agradeço aos meus pais, Conceição e Murilo, por sempre me incentivarem e apoiarem as minhas escolhas. Poder contar com vocês foi essencial.

Alameda nas redes sociais:
Site: www.alamedaeditorial.com.br
Facebook.com/alamedaeditorial/
Twitter.com/editoraalameda
Instagram.com/editora_alameda/

Esta obra foi impressa em São Paulo no outono de 2017. No texto foi utilizada a fonte Minion Pro em corpo 10,25 e entrelinha de 15 pontos.